幕末・維新の英傑が一堂に会し、明治天皇の替え玉・大室寅之祐までが写っているとされる「フルベッキ群像写真」。すべての謎はこの写真から始まった……

リトグラフを撮影した西郷写真

明治期に西郷隆盛の写真として販売されていた「永山西郷」写真

角館の青柳家に残されていた「西郷写真」

西郷の実像に最も近いとされる西郷の肖像画

西郷が写っているとされる「スイカ西郷」写真

小説家・加治将一によって西郷が写っているとされた「一三人撮り」

天皇のカメラマン・内田九一によって撮影された大阪造幣寮前の写真。ここにも西郷が写っていると言われる

HIS IMPERIAL MAJESTY THE TENNO OF JAPAN AND SUITE.

オーストリア人、ライムント・F・スティルフリードによって“盗撮”された、
横須賀造幣所を行幸中の明治天皇

はじめに――西郷像が刷りこんだイメージ

昨年（二〇一三年）春、上野中央商店街商業協同組合が買い物や食事、文化施設などの見学で上野を訪れる人たちに向けたアンケートを実施していた。設問は「上野のイメージ」についてだった。アンケートの結果は次の通りとなった。

一位「アメ横」（アメヤ横丁）
二位「パンダ」（上野動物園）
三位「西郷さんの銅像」

関係者は、西郷さんの銅像を知らないという回答が集計の十五パーセントを占めていたことに驚いたそうだ。

一昔前、上野の待ち合わせ場所と言えば、西郷さんの銅像の前であり、恩賜公園散策のスタートであった。

かくいう私も地理に不案内な相手と上野で会うときは、「西郷像の前」を指定したものである。相手も迷うことなく時間通りにやってきて、お互い再会の笑みを浮かべたものである。「上野の西郷さん」といえば、公園だけでなく上野のシンボル的な存在であったはずなのに、今日では「アメ横」の知名度に後塵を拝し、さらに銅像すら知らない者がいるという現状である。西郷どんもさぞかし無念であろう。

私は本書の取材のスタートを西郷像の前と決めていた。三年前の初冬で当日は快晴であったが、木枯らしが吹き、日中でも気温が十度を下回る日であった。

台座を含めて高さ七・二メートル（像の実寸三・七メートル）もある西郷像は彫刻家・高村光雲の作で（犬は後藤貞行の作）明治三十一年（一八九八年）十二月に除幕式が行なわれた。

その除幕式で西郷夫人・糸子は次のように言ったという。『英傑たちの肖像写真』（渡辺出版）から引用する。

その除幕式が挙行されたのは12月8日のことだった。この時、西郷夫人の糸子が「宿んしはこげんなお人じゃなかったこてぇ」と洩らしたことが伝わり、顔が似ていないとの誤解が生じた。（中略）
しかしながら西郷糸子は顔が似ていないと呟いたのではなく、このような浴衣姿では散歩はしなかったという意味で言ったものらしい

光雲はもちろん西郷隆盛の〝顔〟は知らない。銅像製作のモデルに使われた素材は「弟の従道の写真」と「西郷の肖像画（キヨッソーネ画）」と言われているが、浴衣姿で犬を連れ、特徴のある〝大きな目〟が印象深いこの銅像は西郷さんのイメージを定着させた。

だが、一説では、当初の西郷像のモチーフは「軍服姿の騎馬像」であったという。しかし、このプランは、朝敵になった西郷が名誉を回復したとはいえ、陸軍大将の官位で騎馬像を建立すると西郷人気を復活させてしまうという理由から沙汰止みになったそうだ。

西南戦争が終結してから二十年余がたった時代とはいえ、庶民の西郷人気は絶大であった。そして、当時の高位高官の政治家や軍人は全国ブランドの西郷人気

の絶大さを知っていた。同時に彼らにとって西郷は〝脅威〟でもあった。

一方、鹿児島市の市立美術館近くに建立されている西郷像は、陸軍大将の正装を着用しており、高さ五・二五七メートル（実寸）の立像で、郷土の彫刻家・安藤照が昭和十二年（一九三七年）に完成させたものである。

キヨッソーネが描いた西郷隆盛の肖像画

モデルは西郷の孫・隆治と言われており、上野の西郷像が建立されてから三十九年後の作品であった。すでに完成当時は「陸軍大将の正装」にクレームがつく時代ではなくなっていた。

この西郷像の表情は、生前の西郷にもっとも近似した顔つきであるという。〝浴衣姿の上野の西郷さん〟と〝鹿児島の軍服姿の立像〟、どちらに人気があるのかといえば、庶民感覚の親しみを覚える上野の西郷さんに軍配が上がる。

建立から昨年で一一五年が経過した

鹿児島の西郷像

上野の西郷像

上野の西郷像の表情は見る者に、実像とは異なる〝西郷イメージ〟を刷りこんでしまった。

はたして、西郷隆盛は、どんな顔だったのか。

上野の西郷像は、いわばモンタージュ像で、本人と似ていなくとも納得できるが、鹿児島の西郷像の顔はどうなのか。写真を一枚も残さなかったと言われる西郷隆盛……だが、それは真実なのか。私の西郷写真探索の旅はこの疑問を出発点にして三年前に始まった。スタートは上野の西郷さんの銅像前であった。

三年後の二〇一三年十二月七日。西

郷隆盛生誕一八六年祭が銅像の前で行なわれた。参加者は二百人を超えるほどの盛況であった。参加者の数人に〝西郷写真〟の存在を質《ただ》してみたが、全員、真影の存在は否定した。「西郷さんは写真を撮らなかった」という理由が多く、写真に関心のある人は、写真が存在するとはいっても、それらは「偽物、別人」と説いた。また〝西郷さん〟のイメージを聞いてみると全員が「西南戦争に殉じた悲劇の英雄」と答えた。

写真を残さなかった悲劇の英雄《ヒーロー》・西郷隆盛。西郷が歴史の表舞台に登場した時代の日本はいかなる時代だったのか。簡単におさらいしておく。幕末、ロシア、イギリス、フランス、アメリカなどの西欧列強諸国は日本に開国と貿易を迫って押し寄せてきた。その結果、各地で日本人とトラブルが発生し、外国公館襲撃事件や薩摩藩との間で文久二年（一八六二年）に生麦事件が起こり、下関では長州藩とオランダ、フランス、イギリス、アメリカの四か国が衝突（文久三年五月）。同年七月には薩英戦争が起きている。その後、国内は幕府派と天皇派にわかれた諸大名が権力争いを始めたが、慶応三年（一八六七年）十月、朝廷は薩摩、長州に対して討幕の密勅を下知。将軍徳川慶喜は大政奉還を決意。慶喜は朝廷に「辞官・

納地」を約束した。

官軍となった「薩長土肥」の薩摩、長州、土佐の三藩は幕府と親幕連合軍との間で鳥羽・伏見の戦い（慶応四年一月）を始めた。さらに官軍は奥羽越列藩同盟（仙台、庄内、会津、長岡各藩）との間で東北戦争（戊辰戦争）を戦い勝利を収めて、最後の戦いであった箱館戦争（慶応四年十二月）で幕府軍は壊滅して、ここに新たに〝薩長土肥〟を主体とした明治藩閥政府が誕生した。

西郷隆盛が大活躍するのは、そんな激動の時代であった。しかし、「維新三傑」の中で一人、真影を残さなかったとされる西郷。

なぜ英雄は写真を残さなかったのか。残したにもかかわらず、写真は〝消された〟のか……ミステリアスで謎に満ちた「西郷隆盛写真」探索の旅に読者の皆様をご案内したいと思う。しばし、私のフィールドワークにおつきあい願いたい。

二〇一四年三月　斎藤充功

ブックデザイン　ヤマシタツトム
編集　幣旗愛子
DTP　片野吉晶

序章

「フルベッキ群像写真」の謎

歴史的価値とニセの価値が同居する一枚の古写真

「フルベッキ群像写真」（以下フルベッキ写真）は歴史ファンにロマンと大いなる謎を投げかけつづけてきた。

この写真は「フルベッキと塾生たち」とも呼ばれており、写真の中央で椅子に座る人物が、安政六年（一八五九年）十一月七日（この年、幕府は長崎、横浜、箱館を開港）に、上海から長崎に来航したオランダ系米国人のキリスト教宣教師グイド・フリドリン・フルベッキ（左が娘のエマ）である。

彼は万国公法や経済学、軍事学、科学技術といった欧米の最新知識に明るく、ドイツ語、フランス語にも堪能な〝知の巨人〟ともいうべき人物だった。

この写真はフルベッキが長崎を離れて東京に転勤する前の慶応三年（一八六七年）から明治二年（一八六九年）の間に撮影された写真だ。

撮影したのは〝日本初のプロカメラマン〟とも我が国の〝写真の祖〟とも言われる上野彦馬である。長崎にあった彦馬の居宅敷地内に造られた写場（撮影スタジオ）で撮影された。「ガラス湿板」方式で撮影した湿式写真（ウエット・プレート）で、写真そのものは〝本物〟であり〝フェイク〟ではない。

「フルベッキ群像写真」（『上野彦馬歴史写真集成』渡辺出版より抜粋）。
この一枚の写真が数々の謎を歴史ファンに投げかけてきた

　なぜここであえてこの写真が〝本物〟であると言うのか。それには大きな理由がある。

　この写真が撮影された時期は、前述の通り、慶応三年（一八六七年）から明治二年（一八六九年）の間と言われているが、一部では慶応元年（一八六五年）説もある。しかし、今から一五〇年近く前に撮影された、歴史的価値のある写真であることに変わりはない。

　だが、このフルベッキ写真は、写真自体が有する歴史的価値とは関係のない、後世の人間によって付加された〝ニセの価値〟が一人歩きして、歴史ファンの間で話題をさらってきた。

維新の英傑と明治天皇の〝替え玉〟

その最初のきっかけとなったのが、ひとつの論考だった。

肖像画家・島田隆資による「維新史上解明されてない群像写真について」（『日本歴史』一九七四年一月号）と題する論考である。

島田はこの論考のなかで、フルベッキ写真が維新の英傑たちが一堂に会して撮影された「歴史的記念写真」であると説いた。さらに、写真に写るフルベッキ親子を除く「四十四人」の人物のうち「二十五人」について、西郷隆盛、坂本龍馬、中岡慎太郎、高杉晋作、大久保利通、伊藤博文などと同定――断定・推定を含む――して話題を呼んだ。

以降、勝海舟、桂小五郎などの維新の英傑たちの名前が続々と〝更新〟され、最終的には四十四人全員の名が記された。

さらにフルベッキ写真には、後に明治天皇の〝替え玉〟となる青年・大室寅之祐《おおむろとらのすけ》までが写っており、写真は維新をめぐる謀略の証拠写真であるとされたのだ。

維新史上解明されない群像写真について

島田隆資

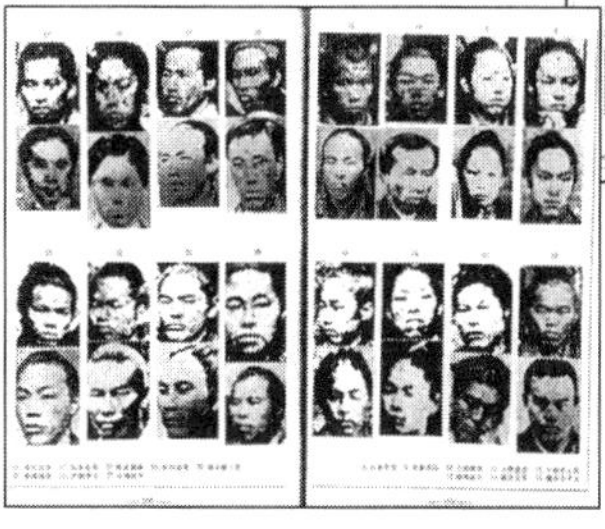

歴史ファンに大きな話題を提供した「フルベッキ群像写真」に関する島田隆資の論考（『日本歴史』一九七四年一月号、一九七六年一月号）。後にこの島田の論考に新たな説が加えられた

もしフルベッキ写真に維新の英傑が写っているとしたら、幕末維新史をも書き換えるだけの資料価値がある一大スクープ写真である。

四十四人の素性について研究してる高橋信一（元慶應義塾大学理工学部准教授）によれば、人物比定は半数に及び、次の二十三人の人物が明らかになっている。

大隈重信、相良知安、中山信彬、中野健明、倉永猪一郎、鍋島平五郎、村地才一郎、丹羽龍之助、江副廉蔵、岩倉具経、鍋島直彬、石井範忠、丹羽雄九郎、山中一郎、香月経五郎、副島要作、中島永元、石橋重朝、石丸安世、岩倉具定、折田彦市、宇田栗園、大塚緩次郎

高橋はフルベッキ写真を「フルベッキと佐賀鍋島藩が長崎に作った学問所（致《ち》遠館《えんかん》）で学生徒たちの記念写真に過ぎず、英傑の人物比定も何等根拠のあるものではない」と断じている。

そして、私の研究調査（『フルベッキ写真の正体　孝明天皇すり替え説の真相』二見書房）でも、高橋説を裏づける結果となった。

謎の〝マント姿の男〟

高橋の研究や私の研究調査でもフルベッキ写真には維新の英傑が写っていないことが判明している。

だが、取材の過程で思わぬ事態が起こった。

本書の取材の過程でフルベッキ写真に写る「西郷隆盛」とされた人物にはクエスチョン・マークをつけざるを得ない事態となったのである。

前述の通り、高橋説を根拠とすれば、維新の英傑など、誰一人として群像写真には写っていないことになる。

しかし、高橋が比定した人物は「二十三人」で、残る「二十一人」についての素性はまだ明らかにされていない。

だとすれば、二十一人のなかに「維新の英傑」の一人が写っていると考えても、荒唐無稽な話ではないだろう。

この人物は、はたして西郷隆盛なのか……？

前著では検証しきれなかった人物で、私が注目したのが、写真の最後列にマントを羽織った人物、〝マント姿の男〟である。意外な鑑定結果から、このマント姿の男が西郷隆盛ではないかと推理するに至ったのである。

この人物についての検証は（第五章）で詳細に論じるが、マント姿の男を最初に西郷隆盛と同定したのは前述の通り、肖像画家の島田隆資である。その後、相次いでマント姿の男を西郷とする諸説が出たが、なかでも話題を呼んだのが小説家・加治将一《かじまさかず》の『幕末　維新の暗号』（祥伝社）である。

加治は西郷の体軀に関心をもち、元オーストリア・ハンガリー帝国の外交官、A・F・ヒューブナーの著書『世界周遊記　日本編』（邦訳は『オーストリア外交官の明治維新―世界周遊記〈日本篇〉』新人物往来社）を基に加治流で「マント姿の男」を西郷隆盛と同定していた。

ヒューブナーは明治四年（一八七一年）七月二十四日から十月二日まで日本に滞在して各地を探訪しており、西郷と会ったときの印象を九月六日の日記で次のように記している。

今夜、晩餐会で西郷と知り合った。彼は薩摩公の平侍から九州第一の実力者の一人に成り上った人物で、西郷はヘラクレス像のように巨大な体軀をしている。彼の目は知性の光を放ち、顔立ちは精力のことを示している（『オーストリア外交官の明治維新―世界周遊記〈日本篇〉』新人物往来社）

そして、加治によるこの日記の解釈は次のようになっている。

英国公使館で西郷隆盛と会った印象を、ヘラクレスのような身体つきをしている。その目は知性にあふれ、その容貌は活力に満ちている。無造作な身なりをしているが、どこか軍人のような雰囲気を漂わせている（『幕末 維新の暗号』祥伝社）

加治流の解釈を当てはめても「ヘラクレス」という主語は動かしがたい。ヒューブナーは初対面の西郷を観察してとっさに「ヘラクレス像」を連想したのであろう。それだけ、西郷が偉丈夫な男であったことが印象に残ったわけだ。

明治四年九月六日の時点で西郷は満年齢で四十五歳となっていた。フルベッキ写真に写る人物で、年齢が四十を超えると思われる人物は他にはいないようだが、

フルベッキ写真のなかで明治天皇の〝替え玉〟と言われた謎の青年。だが、橋本鑑定によって、この説は完全に否定された

これだけを根拠にマント姿の男を西郷隆盛と断定することはできない。

ここで、未読の読者に拙著『フルベッキ写真の正体　孝明天皇すり替え説の真相』のプロットを簡単に解説しておく。

同書はプロローグとエピローグを入れて全十章で構成されており、伊藤博文の暗殺劇に始まり、フルベッキ群像写真に睦仁親王（践祚《せんそ》して明治天皇となる）の〝替え玉〟となったとされる「大室寅之祐」が写っているという未確認情報の真相を追跡したノンフィクションである。

写真技術の進歩が天皇の御真影とも深く関係しており、写真という真実を投影する文明の利器が、隠されていた歴史の闇をときとして暴いてしまうことなどを同書では記した。本書はその続編という位置づけで論述しているが、テーマは「西郷写真の追跡」である。

幕末から明治時代初期にかけて活躍し、明治天皇の〝オフィシャルカメラマン〟だった内田九一が撮影した「明治天皇西国・九州巡幸写真」に写る人物の鑑定から、想像もしていなかった人物に結びついてしまった。その人物がマント姿の男だったのである。

はたして、このマント姿の男は本当に西郷隆盛なのか……私は、その答えを求めて、歴史ミステリーの旅に出た。

取材の道中ではさまざまな「西郷写真」と巡りあった。

それらの写真の所有者に意見を聞くと、皆「これが西郷さんの本当の顔」だと胸を張る。私は所有者の方たちをけしかける。

「マスコミに紹介すれば大反響間違いないですよ」

すると決まってこんな答えが返ってきた。

「騒がれるなんて嫌ですよ。家宝として門外不出でしまっておきます」

だが、過去に公表された西郷写真で「西郷とは別人」と鑑定された写真のなかには、改めて検証した結果、興味深い事実が浮上する事例もあった（第三章で詳述）。

鑑定結果をそのまま鵜呑みにすることの危険性も私なりに痛感することができた。

消された記録と西郷写真

明治四年（一八七一年）十一月十二日、岩倉遣欧使節団（全権大使岩倉具視、副使木戸孝允、大久保利通、伊藤博文、山口尚芳）が横浜港から出発したとき、西郷は見送りにきていた。

明治五年（一八七二年）五月二十三日、東京を出発した明治天皇の西国・九州巡幸では西郷は常に天皇の傍に供奉《ぐぶ》していた。

明治五年（一八七二年）九月十二日に行なわれた鉄業開業式で陸軍大将の軍服を着用した西郷は、参議の大隈重信、板垣退助らと四号車に同乗しており、衆人環視のなかにいた。

いずれの場面にも西郷は登場していながら、不思議なことに西郷の写真が撮影されたという記録がいまだ発見されていない。

なぜなのか？

その答えを求めて、本書では徹底的に「西郷写真」の検証を試みたつもりである。

そして、その検証のパートナーを多忙の身にありながら務めてくれたのが、法

人類学の権威で　ある東京歯科大学・橋本正次教授であった。

西郷が撮影された写真は存在したのか、しなかったのか――その答えが本書に詰まっている。

今年は西郷没後一三七年目（城山で別府晋介の介錯で自刃したのは一八七七年九月二十四日）にあたる。

維新のヒーローの人気は永遠に消えることはないであろう。

写真の力――そこに、謎を解くキーワードが隠されているのかもしれない。

第一章

化け物と西郷の写真無し

「リンカーン暗殺事件」と「西郷暗殺計画」

定説では、「西郷隆盛は写真嫌いで一枚の写真も残さなかった。したがって、西郷の写真は存在しない」とされてきた。

『英傑たちの肖像写真』（渡辺出版）には次のような記述がある。

隆盛の孫で参議院議員を務めた西郷吉之助は「明治天皇は自身の写真を二度も祖父に送り、写真を撮って差し出すように仰せられたのにもかかわらず、陛下のために命を捨てるつもりでいた祖父がお答えしていないのだから、写真は存在する訳はない」と断言していたそうである。

島津長丸も「化け物と西郷写真無し」と喝破していたという

島津長丸とは島津宗家の分家筋にあたる「宮之城島津家」の第十六代最後の領主で、父親は久治（官職名は図書）。妻治子は再興重富《しげとみ》島津家出身（父親は珍彦）で貞明皇后の女官長を務めている。長丸については別章で論ずるが、「島津久治公と薩摩藩士の一行」という記念写真に関わってくる人物である。

西郷が写真を残さなかった理由として「暗殺を恐れた」という異説もある。この異説の要諦は次のようなものだ。

薩摩藩が米国に六人の留学生を長崎から密航させて、マサチューセッツ州のモンソンアカデミーに留学させた。時期は慶応二年（一八六六年）六月で、六人の留学生を引き受けた人物はフルベッキとともに来日したオランダ改革派教会の宣教師サミュエル・R・ブラウンであった。

この密航留学には仁礼景範《にれかげのり》（後述）も留学生のメンバーとして選抜されていた。仁礼は寄宿先のモンソンアカデミーでアメリカ事情を調べているときに、アメリカ人の友人からある話を聞いた。それが「リンカーン暗殺」（一八六五年四月十四日＝慶応元年）の実行犯ジョン・ウィルクス・ブースにまつわる話だった。

仁礼は、ブースが暗殺のターゲットであるリンカーンを特定できたのは、新聞に掲載されていた「リンカーンの写真」であったことを聞かされたという。

肝心のその新聞は「ニューヨーク・トリビューン」紙（一八四一年六月創刊）であったようだが、残念ながら掲載紙は未見である。

現在と違ってアメリカ大統領の顔をテレビなどで観ることができなかった時代である。ターゲットの顔を確認するツールとして写真が有効だったのだ。

この話を聞いた仁礼は鹿児島に帰国後、西郷の側近にリンカーン暗殺の決め手となったのが新聞に掲載された「リンカーン写真」であることを伝えたと言われているが、その証拠となる記録は残っていない。

ある種の都市伝説めいたエピソードではあるが、仁礼が「写真の力」を側近に説いていたであろうことは推察できる。

なぜなら、後に西郷が〝暗殺〟という危険に直面するという事件が起こったからだ——明治十年（一八七七年）、西南戦争が起こる前に発覚した「西郷暗殺計画」である。

「西南戦争」で人柱となった西郷

西郷隆盛の朝鮮使節団派遣に端を発する明治初期の一大政変「明治六年政変」は、「征韓論」か「遣韓論」かの論争が起き、最終的に西郷派の板垣退助、後藤象二郎、江藤新平、副島種臣、桐野利秋らの参議の辞任にまで発展した。

明治七年（一八七四年）、西郷は鹿児島県内に私学校を創設した。私学校は不平士族の不満の受け皿としての機能と若者を教育することに眼目が置かれていた。

当時の鹿児島は、県の歳入を国庫に納めることもない一種の独立王国であり、中央の権威が及ばない〝特殊な地域〟であった。やがて私学校は県政の大部分を握る一大勢力へと成長し、政府は西郷および私学校の存在を「脅威」と見なし、恐れるようになる（後述）。

一方で政府は士族への締めつけを強め、帯刀と俸禄の支給という最後の特権を奪った。結果、士族の不満は各地で爆発し、明治九年（一八七六年）十月二十四日に熊本で「神風連の乱」、そして、同月二十七日には福岡で「秋月の乱」、さらに、同月二十八日には山口で「萩の乱」が立て続けに起きた。

前述の通り、鹿児島は西郷の私学校が一大勢力を築き、中央の権威が及ばない特殊地域であったという状況を最も危惧したのは参議・木戸孝允だった。木戸は内務卿・大久保利通に対策を強く迫った。

この背景には「私学校が反政府分子を養成する機関である」という政府の

鹿児島市城山町に残る西郷の私学校の跡（現在、同地は鹿児島医療センターとなっている）

曲がった解釈も根底にはあったと思われる。

いずれにしろ、こうした状況下で、西南戦争の〝導火線〟ともいうべき事件が起きたのである。

明治九年（一八七六年）一月、大久保は陸軍に命じて鹿児島の草牟田にあった陸軍弾薬庫に設置されている薬莢製造設備を大阪に移送する密命を出した。

このとき、陸軍が傭船したのが三菱商会の「赤竜丸」であった。しかしこの事態を察知した私学校の生徒らが弾薬庫を襲い、武器弾薬を奪うという事件が起きた。

そして、もうひとつの事件が、「西郷暗殺計画」の発覚である。

私学校の不穏な動きを警戒していた政府は、警視庁大警視川路利良に命じて、警視庁警部・中原尚雄以下の巡査を鹿児島に「帰郷名目」で派遣した。

一方、警察官の大量帰郷を不審に思い、警戒していた私学校の生徒らは、ある情報を摑んだ――警察官の大量帰郷は西郷の暗殺が目的であると……。

内偵のため鹿児島県内に潜入していた中原以下の巡査は捕縛され、私学校の幹部たちから苛烈な取り調べと拷問を受け、川路大警視が指示した「西郷暗殺計画」を自白。結果、私学校の生徒らは暴徒と化し、西南戦争へと進んでいったのだった。

そもそも、鹿児島から武器弾薬を大阪に移送するという計画は口実だったとする説もある。真の目的は武器弾薬の移送ではなく、当時、各地で頻発していた士族の反乱に対して西郷がどのような行動に出るのか――それを探るための〝おとり作戦〟だったといわれている。

そのおとり作戦にまんまと乗ってしまったのが私学校の生徒たちであった。大久保の狙いは「不穏な薩摩情勢」を演出することであり、西郷を刺激して武装蜂起させ、その鎮圧に政府軍を出動させるという謀略だったとされる。

私学校の生徒たちが兵器庫と弾薬庫を襲撃したとき、西郷は大隅半島の根占《ねじめ》で狩りを楽しんでいたが、急報に接して鹿児島に戻り、「おはんたちは、なんたることをしでかしたか」と生徒を叱責したという。

事態は大久保の企図した通りに動き、西郷は兵を挙げざるを得なくなったのである。

こうして見ると、西南戦争は西郷と大久保の確執から生まれた最後の内戦であったのではないか。

そして、世の中には士族たちの不平が蔓延しており、さすがの西郷といえどもそれを抑えこむことはできなかった。西郷はだからこそ、西南戦争という最後の内戦で自ら先頭に立ち、そして自死することで、全国の不平士族に対して、「政府に抵抗しても勝ち目はない」ということを身をもって伝えたかったのではないか。

望むと望まざるにかかわらず、西郷に〝課せられた〟最後の役割は「不平士族の代弁者」であり「代表者」であった。

そして、西南戦争で戦い、敗れることで新政府の威令は全国に響きわたり、以後武力による士族の反乱はピタリと止まった。

前述したが、陸軍が傭船した船は三菱商会所有の赤竜丸で、三菱は西南戦争で大儲けした。元銀行マンの故河野弘善は自著『西郷金貨の謎　西南戦争の軍費問題と将星たち』（自費出版）で、三菱の莫大な利益について次のように書いている。

当時の大量輸送手段は、主として船舶であった。しかも日本の沿岸航路の大型船舶は、三菱会社の独占するところであったから、政府は三菱に命令して社船三十八隻を徴用し、軍需輸送を一手に取り扱わせた。三菱は船腹不足を理由として、軍費調達に苦悶する政府より八十万ドルを借用して、外国船七隻を購入している。当時、三菱が西南戦争によって得た利益は一千万円を下らぬと世間から誹謗されたが、だいたい三百万―五百万円と見るのが妥当なところ。ともあれ、三菱財閥の基礎はこの戦時利益によって成り、爾後戦争ごとに三菱が膨張したと批判される源はここに存する

また同書には政府軍の戦費（陸軍のみ）は総額で四一五六万円と記されており、三菱の利益が戦費の一割強を占めていたことに唖然とする。

反面、西郷軍の戦費は総額で七十万円にも満たなかった。当時の国家財政は五―六千万円の規模であった。戦後の政府と三菱の癒着は、どうやらこの西南戦争が始まりであったようだ。

歪められた西郷の実像

ここで改めて、西郷が下野するきっかけとなった、「征韓論」について考えてみたい。西郷と征韓論との関係については、おおよそ次のような内容が定説とされている――西郷隆盛を中心とする明治政府の首脳たちが唱えた、武力をもって朝鮮を開国しようとする主張。

だが、違った説があるのも事実で、坂野潤治の『西郷隆盛と明治維新』（講談社現代新書）には、次のような記述がある。少し長いが引用する。

> 征韓論から西南戦争にかけての西郷の実像については、（中略）次の二点は指摘しておきたい。
>
> その第一は、いわゆる征韓論争で敗れて郷里の鹿児島に帰っていた西郷が、幕末期に交流のあった欧米文明の鼓吹者《こすいしゃ》たちにくらべて、福沢諭吉《ふくざわゆきち》の著者が抜群にすぐれていることを発見していた点である。一八七四（明治七）年末のことである。
>
> 第二点は、「征韓論者」として有名な西郷が、明治八年（一八七五年）九月の江華島事件を、相手を弱国と侮って、長年の両国間の交流を無視した卑劣な挑発と非難していた点である。江華島沿岸を測量するなら、あらかじめ朝鮮政府の同意を得てから行うべきである、というのが西郷の主張だったのである。「征韓論者西郷隆盛」という伝説そのものも、再考の必要があるのである。

これらのことから明らかなように、幕末から明治維新にかけてわれわれが

漠然と抱いてきた西郷像は、まったくの虚像だったのである

引用文に登場する「江華島事件《こうかとう》」とは、明治八年（一八七五年）九月に朝鮮西部の江華島において、日本と朝鮮との間で起こった武力衝突を指す。以下、同著から再び引用する。

日本海軍の雲揚艦が朝鮮半島の江華島砲台をの近海をあからさまに測量した上に「請水」（清水の補給を乞う）のためと称して、艦長自らがボートに乗って同島に接近したのである。

これに対して砲台が射撃をすると、艦長井上良馨《よしか》は直ちに艦に戻り、江華島砲台を艦砲射撃した上で占領し、戦利品を奪って帰還した。

つまり、征韓論者であるはずの西郷が、この江華島事件を「誠に遺憾千万にて御座候」と明治八年（一八七五年）に征韓論争で行動をともにした篠原国幹に書簡を送っているのである。そして、同書は次のように結論する。

西郷は「征韓論者」などではなかったのである

坂野の説を採れば、明治維新の最大の功労者である西郷の実像がなぜこうも歪められるのか。それは本書の最大のテーマでもある西郷の写真についても同様である。

征韓論者ではなかった西郷の主張は「征韓論」へと歪められた。

西郷と面識がなく、また写真がなかったことから、弟である西郷従道と従兄弟である大山巌をモデルにして、イタリア人画家・キヨッソーネが描いた肖像画は、あたかも西郷の実像・素顔であるかのように伝えられてきた。

なぜ、このような事態が起こるのか。

西郷の虚像を流布した狙いはなにか？　また誰が企図したものだったのか？

西南戦争の戦後史

ところで、西南戦争で政府軍の捕虜となった将兵の戦後史であるが、関心を向ける論者も少ないので、ここに記しておく。

攻防七か月、勝利の女神は政府軍に微笑んだが、インフレ、物価高という戦後処理が重くのしかかっていた。経済の立て直しは急務であったが、生産手段に乏しい国内産業では内需も活性化せず、また、増税による徴税も限界に達していた。そのうえ、内乱で捕縛された国事犯の処遇にも頭を悩ませていた。そこで政府が目をつけたのが未開の北海道であった。

戦後七か月後には早くも元老院で次のような決議を採択している。

全国ノ罪囚ヲ特定ノ島嶼《とうしょ》ニ流シ総懲治監トス

「特定の島嶼」とは、いわずもがな北海道のことを指し、同時に内務省も元老院に対して、具体的な内容を次のように進言している。

徒流刑ノ二刑ヲオコシ、該囚ヲ遠地ニ発遣シ、役限カ満チテモ郷土ニ帰ルコトヲ廃シ、永住ノ座ニ就カシムベシ。北海道ノ地タル遼遠隔絶、畏怖スルトコロアリテ反獄逃走ノアトヲ絶ツベク、田魚ノ利ヲオコシテ一挙両得ナリ

これは「内地から遠隔地の北海道に囚徒を送りこみ、例え刑期が満了しても内

地には帰さないで開拓事業に当たらせよ」という、囚徒の隔離政策を進言したものである。

また、刑罰の種類にしても、徒流刑を新たに設けており、徒刑は「島地ニ発遣シ定役ニ服ス」と定めている。とりもなおさず、徒流刑を刑罰に導入した目的は北海道を想定していたことは明白であった。国事犯の集団隔離政策を積極的に進めていた政府の意図はなんだったのか。

それは、一日も早く大量の囚徒を北海道に送りこんで、開拓事業の労働力として使役することが得策と判断したからであり、「隔離と開拓」の一石二鳥を狙った政策であった。

北海道に送られた西南戦争の国事犯が、いったい何人いたのかは記録もほとんど残っておらず、今も囚人墓地に無縁仏として埋葬されている。

政府による西南戦争の戦後処理は、北海道とも密接に関係していたのである。

「フルベッキ群像写真」と「一三人撮り」

西郷が写真嫌いであり、それゆえに写真を残さなかった――この定説の根拠とされるのが、冒頭のエピソードともうひとつ、西郷が大久保利通に送った手紙にまつわるエピソードである。

岩倉遣欧使節団の副使として欧米視察随行中の大久保は西郷に洋装姿で撮影した写真を送った。その写真に対して東京から送った大久保への手紙で西郷は次のように書いている。

尚々貴兄の写真参り候処、如何にも醜態を極めた候間。もはや写真取りは御取り止め下さるべく候。誠に氣の毒千万に御座候（明治五年二月十五日付、大久保宛の書簡）

「みっともないことはお止めなさい」と西郷は大久保を咎めているのだ。

この手紙から六年後の明治十一年（一八七八年）五月十四日、大久保は東京府麹町紀尾井町で不平士族によって暗殺された。「紀尾井坂の変」である。

大久保は生前の西郷から送られた手紙を持ち歩いており、暗殺されたときも手紙を二通所持していた。そのうちの一通が西郷に写真を咎められた手紙だった。

この手紙は事件後、大山巌が譲り受けたという。

こうしていくつものエピソードが喧伝され、西郷の写真は存在しないという説が定着してきた。

その一方で、維新史の歴史上の人物で断トツの人気を誇る西郷の写真が存在しないわけがないという思いは、過去さまざまな形で表出してきた。それが、「西郷の真正写真」の存在である。

明治の時代から、いくつかの写真について、「これぞ西郷写真」と喧伝されてきた経緯がある。だが、残念ながらそれらの写真は研究者らの実証によってことごとく否定されてきた。

また近年では「西郷が写っている写真」として話題を提供してきたのが、序章で触れた「フルベッキ群像写真」である。

この写真はまぎれもない真正写真である。撮影者は幕末から維新の時代にかけて当代一の写真師と謳われた上野彦馬。写っている四十四人（フルベッキ親子は除く）の日本人のうち二十三人は、長崎につくられた佐賀藩の学習塾「致遠館」で学んでいた肥前、薩摩の藩士と公家の岩倉兄弟らであると、比定したのは前出の高橋信一であった。だが、残り二十一人の素性はいまだわかっていない。

西郷が写っている写真として作家・加治将一が『西郷の貌』（祥伝社）で取りあげたのが、「一三人撮り」と称する記念写真である。

加治はその直感のイメージを次のように記している。

ターミネーターのような侍。圧倒的なオーラ。ぴんと感じる何かがある

（『ビジュアル版 幕末維新の暗号』祥伝社）

だが、残念ながらこの写真にも西郷は写っていない。

この写真は薩摩藩が薩英戦争の講和修交のために藩主忠義の名代として前出の島津久治を長崎に派遣し、その際、公式行事終了後に上野彦馬の写場で写したとされる記念写真で、写っている人物は久治と島津宗家、宮之城島津家に仕える家臣たちであった。撮影時期は一八六四年（元治元年）代といわれ、西郷とされる人物は薩摩藩士の床次正蔵《とこなみまさくら》であった。なお、この写真には米国に密航留学した前述の仁礼景範も写っている。

維新の総仕上げ――廃藩置県という一大イノベーション

維新の三傑と謳われ、圧倒的な知名度と人気を誇る西郷隆盛は、大久保利通や木戸孝允のように、なぜ写真を残さなかったのであろうか。

私はいくつかの異説を提示した。

西郷は暗殺を恐れた――大久保との確執から写真が利用されることを危惧したのではないか。また逆に大久保も西郷写真の流布を恐れた（後述）。

理由は他にもあるだろうが、いずれにしろ、今日まで「西郷の顔」を写したとされる写真は発見されていない。つまり、常識的には西郷の写真は存在しないという結論を導かざるを得ない。

だが一方で、西郷の写真の存在を示唆するような、あながちデタラメと断定することもできない状況証拠があるのも事実だ。

たとえば西郷の足跡を年譜で追ってみても不明・空白の時期（長崎に出向き薩摩藩の蔵屋敷に逗留した形跡）があり、長崎で西郷が写真を撮影していなかったという絶対的な根拠があるわけでもない。つまり、二十一人の素性がいまだ判明していないフルベッキ群像写真と西郷との関連も可能性としてはゼロではないということだ。

この西郷の長崎逗留については、地元の郷土史家・宮川雅一が「ながさき歴史散策」（http://www.nagasaki-daiei.com/miyagawamasakazu1.html）で次のように書いている。

西郷隆盛は幕末に2回ほど、坂本龍馬らと薩摩の船で長崎港へきているようである。上陸したという確たる証拠はまだ見当たらないが、上陸していれば、当時西浜町（現・銅座町）にあった薩摩蔵屋敷（現・三菱UFJ信託銀行の地周辺在）に滞在している

確認してみると、宮川は私にこう語った。

「まだ、調査は始めたばかりで西郷と長崎の関わりを裏づける資料は発掘していませんが、私の過去の長崎研究の過程で確信するに至ったんです」

宮川の西郷幕末来崎説が裏づけられれば、西郷がフルベッキ写真に写っていたとしても時期的には符合する可能性があるかもしれない。フルベッキ写真が撮影されたのは慶応年間から明治初年の間と推定されている。

西郷の足跡を別の視点から検証してみよう。

明治四年（一八七一年）一月、西郷は薩摩藩主・島津忠義とともに常備兵八個大隊（歩兵と砲兵併せて三千百七十四人）を引き連れて上京している。東京に着いたの

は四月であった。国元に帰るのは明治六年（一八七三年）十月（明治四年十一月に一度、忠義の父親である久光と会うために国元へ帰っている）で、足掛け二年もの間、西郷は東京に滞在していたことになる。

その間、明治天皇にも拝謁し大久保とも懇談しており、叙勲は六月で正三位参議に叙せられている。渡邉幾治郎は『明治天皇』（明治天皇頌徳会編）で次のように記している。

明治四年四月、天皇の恩命黙し難く、上京して参議に任ぜられ、国政に参与することになったが、明治天皇は深くその人となりを尊敬し、新政輔導の任に当たらしめた

明治天皇の西郷に対する特別な思いを物語る記述だが、二年余の東京滞在中に西郷は、御親兵の編成、廃藩置県の断行、軍政の確立、宮中改革など新政府の基盤を整備するために獅子奮迅の活躍をしていた。

なかでも維新革命の総仕上げであった「廃藩置県」を実行するために西郷は奔

走していた。「廃藩置県」とは、大名の地位と特権を無効にして、各藩の経済的基盤を奪うという荒療治だった。だが、この秘策が事前に漏れてしまうと諸大名が政府に抵抗して新たな内乱が起こる危険性があった。そのため、維新革命の推進力となった薩摩、長州、土佐三藩の力を利用して「廃藩置県」を実行するために、西郷は大久保と相談。二人は山口に帰京していた参議の木戸孝允を訪ねて協力を依頼した。さらに木戸を交えた三人は土佐の板垣退助を訪ねて仔細を打ち明け、板垣にも「廃藩置県」断行の協力を頼んだわけである。

高知での会談で四人は「廃藩置県」実行について合意し、明治四年（一八七一年）二月に四人は上京して準備に入った。その間、西郷だけは一時、鹿児島に帰郷して、前述したように藩兵三千百七十四人を率いて東京に戻ってきた。この西郷、大久保、板垣、木戸の行動について四人が土佐を訪問した理由を古写真研究家の宇高随生が明快な論考を残している。論考は長いが引用して紹介しておく。

明治四年辛未正月十四日、時の土佐藩大参事（藩知事に次ぐ役職）板垣退助の案内で、西郷隆盛ら一行五名は、この竹村家に四泊した。時に新政府未だ日なお浅く、中央政府の権力強化が時局の急務であった。まず国内諸藩の勢力調整に備えんとして薩長の実力に依存することを朝廷に建言した山内豊範らはその対策に奔走した。かくて薩長二藩に勅使派遣があり、次いで勅使岩倉公の下向となった。

これに特派された木戸、大久保の周旋が成功し、遂に薩長の協力を得た。これに（ママ）木戸、大久保は西郷を動かし協議の上、高知会議を決し、岩倉公の了解を得ると共に正月十六日、長州の雲揚丸に同乗、三田尻を出港した。大久保、木戸、西郷および長州から大参事杉孫七郎らは、翌十七日高知の浦戸港に入り、西郷一行は板垣退助の出迎えを受け、高知市菜園場の竹村家に入った。木戸、大久保一行もそれぞれ市内の豪商宅に分宿した。そして高知での薩長土三藩の首脳が会同し、天皇への親兵献上の件が協議されたのである（『歴史読本』昭和五十二年十一月号）

新政府に復帰した西郷は「制度取調会」の議長に就任して内政の改革に取り掛かった。だが、肝心の「廃藩置県」実施の案件を検討する会議は紛糾し、結論を見出すことが困難な状況に立ち至ったとき、黙していた西郷の言葉が暗礁に乗り上げていた状況を打開したという。「貴殿らの間で廃藩実施についての事務的な手順がついているのなら、その後のことは、おいが引き受けもうす。もし、暴動など起これば、おいが全て鎮圧しもうす。貴殿らは御懸念なくやってくだされ」(西郷隆盛日記)

こうして「廃藩置県」の実施は決定し、明治四年七月十四日に布告された。

維新革命の総仕上げでもある廃藩置県は西郷の言葉で決着したといっても過言ではないだろう。

西郷写真の存在を示唆する数々の状況証拠

二年余にもおよぶ東京滞在中、西郷は多忙な政務の時間の合間を縫って、内田九一(最初の皇室御用写真師で明治天皇の御真影を撮影)が浅草瓦町に開設した「九一堂万寿写真館」で、五人の人物と一緒に記念写真を撮影したという(詳細は後述)。この記念写真がいわゆる「スイカ西郷」と呼ばれる写真である。

当時の写真館の様子を克明に綴った記事が、明治七年(一八七四年)発行の『東京新繁昌記』(服部誠一・奎章閣)に掲載されている(原文は漢文なので、『１００年前の東京(一)明治前期編』に依拠して記した)。

都下に寫眞が行われ出してからまだ十年、それが早くも錦絵と一緒に賞玩されている。始め内田九一氏洋人（西洋人）より業を受けその精巧な技術で浅草に寫場を開いた。その真画を見た人は皆妙術に驚き、寫つしを乞う者幅幅として、たちまちその名を四方に揚げてしまった。寫眞業を始める者は追々都下に蔓延して、現今では数十名に及んでいる。

二階造りの寫場を設け、三方に玻璃（はり、板ガラスの意味）を斜めにかざして日光を受けている。その技術は正午、しかも晴天の時を最も好時としている。始め一方に鏡器を置いて一枚の玻璃板を鏡の背に入れると、これが鏡面から被写体を寫す具となる。先ず絹布で其の機械を覆い、寫眞を撮られる方は、その鏡に対して明るい拠に立つか座るかする。その姿は座禅の僧の如く無心となり、神の定めた寫眞師をじっとみつめる。寫眞師が機械の覆いを剝けば、寫したことになる。寫眞に撮られる方はまるで劇場にある看板上のような容態をしている。或る者は目を閉じ、或る者は口を開いている。その口は福相もあれば愁相もあり、才子も阿保の面が表に現れ出たようになる。よほどの心構えをもち身づくろいを整えて寫すべきである（中略）。

店毎の寫眞料は、玻璃に寫して二十五銭、紙焼きなら五十銭から七十銭と

なるが、紙寫しの方は一寫しでも十紙に百紙にもなるというのだから工夫の妙ではないか（後略）

自然光の下で難行苦行しながら撮影していた当時の様子が、この記事からはよく伝わってくる。また、撮影料は「玻璃に寫して二十五銭、紙焼きなら五十銭から七十銭」とあるが、米十キロ（約六・七升）の価格が三十五銭の時代である。庶民にとって、写真を撮ることは高嶺の花であった。

とはいえ、明治政府の主要人物でもあった西郷隆盛ともなれば話は別だろう。前述の通り、西郷写真が存在するという状況証拠、つまり西郷が写真を撮影していても（もしくは撮影されていても）おかしくはない場面はいくつもあったのである。明治四年十一月二十二日、明治天皇は、フランスの技師を招いて江戸幕府が横須賀市に開設し、明治政府が引き継いだ「横須賀造船所」に行幸している。

この行幸には西郷も供奉していたという説もある。写真では西郷らしき人物は確認できないが、はたして、パパラッチ写真に西郷は写っているのだろうか。

また、横須賀巡幸とほぼ同時期の明治四年十一月十二日、西郷は岩倉遣欧使節

明治四年十一月十二日、西郷らによる岩倉遣欧使節団の見送りの情景（明治神宮監修・米田雄介編『明治天皇とその時代 『明治天皇紀附図』を読む』吉川弘文館、二〇一二年より）。このときに撮影された西郷の写真が存在するとされるが、いまだに発見されていない

団の見送りのため、横浜港を訪れた。このとき、西郷が撮影された写真が存在するとされるが、いまだに発見されていない（情景は錦絵には描かれている）。

明治天皇初の「西国・九州巡幸」は、東京を明治五年（一八七二年）五月二十三日に出発し、皇城に還幸されたのは同年七月十二日であった。

西郷はこの巡幸に一度（明治の巡幸は六大巡幸と呼ばれている）だけ供奉しており、終日、天皇の近くに添っていた。当時、明治天皇は二十歳、西郷は四十六歳であった。

これまで実証と傍証を含めて西

郷隆盛の真正写真が、なぜ今日まで発見されていないのかを検証してきた。

「西郷が写真を残さなかった」という明快かつ決定的な理由はいまだ判然としないが、少なくとも提示してきた「歴史的事実」をなぞってみると、西郷が写真に写るチャンスは少なからずあったことは、西郷が描かれた「肖像画」や「錦絵」が発見されていることからも明らかだ。にもかかわらず、なぜ西郷の真正写真はいまだに発見されないのか。「真正写真」を探し出すことは不可能なのだろうか……。

英国人が見た「明治」という時代

この明治という時代における日本の国内事情を外国はどのように報じていたのだろうか。イギリスで最も権威のある新聞と言われる『ザ・タイムズ』（Ｔｈｅ Ｔｉｍｅｓ）の論調を調査した、皆村武一は著書『『ザ・タイムズ』にみる幕末維新』（中公新書）のなかで、明治六年（一八七三年）八月二八日の記事を紹介している。長文だが、当時のイギリスが日本をどのように分析していたのかが理解できる貴重な翻訳なので引用しておく。

最近四年間の日本の発展は、近年のみならず人類の歴史のなかでももっともめざましいもの一つである。日本の文明は、長期間にわたる鎖国のせいで、もっとも変化に乏しい（イモビリティ）という特徴をもっている。日本の排他性は中国に比べてもまさっている。日本はひじょうに自己主張が強く好戦的である。日本人は自分の高度な文明をもつことに非常に熱心である。そして、他の世界から完全に孤立して暮らしてゆくことに満足している。彼らこそはイモビリティの典型である。長期間にわたる鎖国は日本人の魂を麻痺させてしまったと考えるのは当然であった。

しかしながら、開国にともなって起きた実際の結果は、反対であった。日本人の精神的エネルギーは、その障害物が除去されたときに、まさに爆発した。四年前の革命によって、封建的政府が一撃のもとに崩壊し、幕府の権力が天皇のもとに移行したときは、革命によってどうなるのか予測することは困難であった。

というのは、そのころには日本人はヨーロッパの成果を取り入れ、急速に前進することは困難なように思われていたのである。日本全行政のモデルは、ヨーロッパ的につくりかえられた。藩は県に置き換えられ（廃藩置県）、改革

（イノベーション）が熱心に行われた（後略）

日本発信のニュースは横浜、長崎、神戸などから上海、香港を経由して本国に伝えられたため、ニュース原稿がロンドンに到着するまでには二か月を要していたという。

当時の駐日イギリス公使はハリー・パークスで、通訳官はアーネスト・サトウが務めていた。また　この年、前述の「明治六年政変」が起きている。

『ザ・タイムズ』の記事はレポーターが「歴史」を実見して書いたのかどうかは定かではないが、少なくとも外交的には「不平等条約＝安政五ヵ国条約」の下で日本論を書いているが、それにしては冷静で客観的な論調である。

これは私の推察だが、情報の過半は通訳官のアーネスト・サトウから得ていたのではないかと思うのだが……。

第二章

ニセの「西郷写真」の系譜

「永山西郷」と西郷の影武者を務めた男

過去に「これぞ、西郷写真」として流布された湿式写真やリトグラフ（石版画）は数多く存在し、それらが発見されるたびに、世間の耳目を集め、騒がれた。だが、それらの写真は残念ながら、西郷の真正写真ではないことが後に判明したことはすでに述べた通りだ。

本章では、過去に「これぞ、西郷写真」として喧伝・流布された写真を紹介したいと思う。

「西郷写真」のなかでも珍しいものが、ダブルのジャケットに蝶ネクタイを結んだ［写真①］である。

これは奈良の素封家が大正時代に出入りの骨董屋から購《あがな》ったものだが、オリジナルはリトグラフで、それを撮影したものだ。

表情や特徴ある西郷の耳などは精緻に表現されており、写真と見間違えるほどのできば

［写真①］オリジナルはリトグラフで、それを撮影したという珍しい西郷写真

えである。

しかし、表情や耳といった西郷の特徴を強調したいがために、顔がデフォルメされており、半身の三分の一を顔が占めるというアンバランスな写真となっている。

次に紹介する「西郷写真」は、古くから流布されていた「永山西郷」［写真②］と呼ばれるものである。

この写真が世に出現したのは、明治十年（一八七七年）の西南戦争の最中であった。

明治十年当時、三年前の明治七年（一八七四年）五月に開業していた神戸駅で、土産品として売られていた。『英傑たちの肖像写真』には次のような記述がある。


……菊屋峯吉が神戸ステイションにて買い求めたものである。裏面も掲載され、そこには「前陸軍大将今者（ママ）賊将西郷隆盛真影神戸ステイション待合室ニテ求ル之ヲ明治十年四月十日」

ここに出てくる菊屋峯吉とは西郷軍の軍夫として働いていた人物のようだが、

［写真②］古くから西郷写真として流布していた「永山西郷」。写っている人物は西郷ではなく、薩摩藩士の永山弥一郎である（『英傑たちの肖像写真』渡辺出版より抜粋）

西郷の素顔を直に見たわけでもない。

また写真を買った日付が「明治十年四月十日」とあるが、まさにこの時期は西南戦争の真っ只中であり、そんな時期に西郷写真が土産品として売られていたとは驚きである。

だが当時、この写真は「西郷写真」として評判を呼び、飛ぶように売れたという。当時から庶民の西郷信仰（人気）は絶大なものであった。また同時に人気も知名度もナンバーワンでありながら、その西郷の顔を誰も知らないという状況が、写真の売れ行きに大きく影響したことは容易に想像できる。

峯吉の素性について、前出の古写真研究家・宇高随生が次のように記している。

菊屋峯吉というのは、土佐藩京都屋敷に出入りの書商で菊屋山口太右衛門の倅峯吉のことである。維新の際、勤皇志士達に協力し、坂本竜馬や中岡慎太郎に愛された少年で、のち鹿野安兵衛と改名し数奇の生涯を送り、大正七年、京都に没した（『歴史読本』昭和五十二年十一月号）

菊屋は神戸駅で求めた「永山西郷」写真を大事に保存していた。そして「前陸軍大将今者賊将西郷隆盛ノ真影神戸三宮ステイション待合室ニテ求ル之ヲ　明治十四年四月十日」と裏書した。当然のことながら、西郷の顔を知らない菊屋も永山弥一郎を西郷隆盛と信じていた。

この「永山西郷」が西郷ではなく永山弥一郎が写っている写真であるという事実は、相良武雄が、大正十四年（一九二五年）十月号の『新奮時代』（文化生活研究會発行）で発表した論考で指摘されている。

西郷隆盛は写真が嫌ひといふ訳でもなかったらうが、写真を写さなかったことは誰知らぬもの無い有名な事柄であるにも拘はらず、明治初年には隆盛の写真といふものが流布して居つた。それは痩身長躯の偉丈夫で長靴を穿ち、帽子を手にして臺に凭れ起って居る全身像である。これが一般民間には隆盛の写真と信ぜられ、書冊にも載せられて居ることが多い。（中略）、然るに上野に銅像が出来てから、漸く世人は始めて隆盛とは太った男であると信じ出したのである。それではその写真の主とは誰かといふと、これは同じ薩藩で西南戦争にも奮戦した永山弥一（ママ）であったのである（後略）

また、昭和九年（一九三四年）には、明治法制史研究の泰斗である尾佐竹猛博士が『明治文化叢説』（學藝社刊）のなかで「写真の蒐集」と題する一文を発表している。

西南戦争のころとなって、この永山西郷写真が売り出され、又盛んに錦絵が如何なる片田舎にも流布して居た時勢に、写真屋は指をくわえては居ぬ。西郷の写真をとさがしあぐんだ挙句終に永山を西郷としてしまったらしい

この写真が「西郷写真」として喧伝された背景にはそれなりに頷けるものがある。

この写真を「西郷写真」として喧伝しようと考えた人物（写真屋）は、西郷の影武者を務めたとされる永山弥一郎が写っている写真であることを知っていた。影武者であれば、その容姿は西郷と似ていると考えるのは普通である。ならばこの写真を「西郷写真」として喧伝すれば、西郷人気にあやかってひと儲けできると目論んだのだろう。そしてその目論みどおりに、写真は評判を呼び、西郷の素顔を知らない多くの市井の人々は、この写真を買い求めた。

永山弥一郎（盛弘）は薩摩藩士で維新後は北海道開拓使に出仕。西郷が征韓論で下野したときは他の近衛の士官には同調せずに在京して、鹿児島に帰郷したの

は、明治八年（一八七五年）に政府がロシアと締結した「樺太・千島交換条約」に憤激しての辞職であった。

西南戦争では三番大隊指揮長として奮戦し、熊本の御船で官軍の包囲を受け、壮絶な最期を遂げた。

余談だが、永山弥一郎の〝西郷影武者説〟も誤解が生んだ都市伝説のようなものだ。

永山は戊辰戦争では東征軍参謀の西郷に従って、幕府捕虜の取り調べにあたっていた。その際、捕虜たちは取り調べは「西郷参謀が直々に執り行なう」と告げられていたようだが、実際に捕虜の取り調べに当たったのは、代理の永山だった。

これが、影武者説の誤解の元となって、さらに後年、永山の写真が西郷写真として喧伝・流布されたという経緯がある。

「永山西郷」はいつの時代に、どこで撮影されたのか。

この写真は明治六年（一八七三年）ごろ、幕末から明治にかけて活躍した写真家・下岡蓮杖《れんじょう》の弟子であった横山松三郎が、東京・上野に通天楼という写真館を開業したときに撮影されたと推測されている。

東北と西郷の知られざる接点

秋田の角館の旧家青柳家に保存されていたカルタ写真［写真③］が、「西郷写真」として話題を呼んだことがある。

だが、この大礼服を着した人物は、法曹界に名を残した土佐出身の尾崎忠治（大審院長、枢密顧問官）である。この写真の人物が尾崎であることを同定したのは、東大大学院の特任研究員・倉持基であった。同定の経緯は『英傑たちの肖像写真』で次のように記されている。

［写真③］角館の青柳家に残されていた写真で、西郷ではないかと騒がれたが、写っている人物は土佐出身の尾崎忠治であることが判明している（『英傑たちの肖像写真』渡辺出版より抜粋）

鑑定のため写真は東京大学の馬場章研究室に持ち込まれた。本書にも執筆している倉持基氏などにより、数多くの元勲写真と比較した結果、西郷説は否定され土佐藩出身の尾崎忠治であることが判明した。（中略）大礼服の形状や装飾も一致して、一件落着したそうである。

岩手県・二戸《にのへ》市で発掘された写真④も、「西郷写真」として流布されたことがある。

この写真は二戸市の郷土史を研究している小舟浩幸が、八戸のフリーマーケットで偶然、手に入れたコピー写真である。

フリーマーケットで古い書物や古道具を出品している人物がいたという。小舟はそこでこの写真を見つけた。その人物は小舟にこう言ったという。

「その写真に写っているのは西郷隆盛だ」

小舟はこの写真を譲ってくれるよう交渉したものの、どういうわけか、応じてくれなかったという。

小舟はしかたなく、コピーさせてくれるよう説得し、カラーコピーをとった。

私は小舟に会うために二戸まで出向き、写真の信憑性について話を聞いた。

「フリーマーケットでコピーを手に入れてから、いろいろと西郷のことを調べたんです。二〇〇三年に大分の日田で見つかった西郷の肖像画と写真に写る中央の人物の目元と耳の形がよく似ていることに気づいたんです」

小舟の興味を引いたのは写真だけではなかった。写真の裏に書かれていた文字だったという。裏には次の文字が書かれていた。

［写真④］青森の郷土史家・小舟浩幸が、八戸のフリーマーケットで偶然、手に入れたコピー写真。写真中央の人物を小舟は西郷ではないかと推測している。帽子を手にして椅子に座る写真右側の人物は永山弥一郎だろう（資料提供：小舟浩幸）

西郷隆盛　隆道・西郷吉之助　隆永・小保●（判別不能）會舗舎

この文字は写真に写る人物名だろうが、小舟はこの写真の謎を解くカギは「會《かい》舗舎《ほしゃ》」にあると語った。

「會舗舎」とは、安政年間に二戸で結成された勤王思想を説く政治結社で、〝北の松下村塾〟とも呼ばれた。

「小保内」は人名で二戸には昔から「小保内」姓が多くある。小舟は写真のコピーを町内の神社の小保内姓の神主に見せて意見を聞いてみたそうだ。神主は写真の一人を差して「先々代と似ている」と証言したという。神主が差したのは、写真左の椅子に腰かける人物だったという。

この写真は前出の永山の名刺判写真が撮影されたとされる「通天楼」で撮影されたようだが（帽子が同時代性を証明している）、西郷が同席したという記録は残っていない。

またこの写真は、『1億人の昭和史12　昭和の原点　明治　上』（毎日新聞社・昭和五十二年）に、

〈裏書きは、右西郷隆盛、中西郷小兵衛と書いてある。他の西郷像に似ていないが、西南戦争に呼応して挙兵を企てた旧八戸藩士の持っていた写真〉というキャプションとともに掲載されている。

歴史的事実として西郷と岩手の関連がみられるのは、西南戦争である。当時、西郷が挙兵するとそれに呼応するように青森（三戸）、岩手（二戸）、秋田（鹿角）の旧南部藩士たちによる反政府決起事件が起きた——「真田事件」である。真田事件とは、首謀者である真田大幸（泰幸、太古）が西郷に呼応して、政府転覆を企てたものの、事前に計画が発覚して、全員が逮捕されてしまうという事件だった。

歴史的事実として、西郷との関連があるのは事実だが、この写真に写る人物はいったい誰なのか。

写真中央の人物は不明だが、小舟は西郷ではないかと推測している。帽子を手にして椅子に座る写真右側の人物は永山弥一郎。写真左側の人物が會舗舎の幹部・小保内（名は不明）、そして、座っている少年は不明だ。

この写真が「西郷写真」として流布した背景は、「永山西郷」写真と同様のものだろう。また前述の『1億人の昭和史12　昭和の原点　明治　上』に掲載されたキャプションが正しいとすれば、旧八戸藩士がこの写真を西郷写真と信じて肌身離さず持っていた姿が目に浮かぶ。政府軍に立ち向かった旧八戸藩士にとって、西郷が写っていると信じて疑わないこの写真は、心の支えだったのかもしれない。

「永山西郷」にしろ、この写真にしろ、西郷写真として流布した背景には、その根拠がまったくなかったわけではない。そこには、西郷という絶大なる存在との間に小さな関係性が見てとれるのも事実だ。

私は二戸から帰京すると、日をおかずに鹿児島へと飛んだ。

「この肖像画が西郷さんの表情を最も忠実に表現している」

鹿児島訪問の目的は、「西郷研究の第一人者」と言われる「西郷南洲顕彰館」の高柳毅館長と会うためだった。

「今まで、何人もの人が、〝西郷写真の鑑定をしてくれ〟と訪ねてきましたが、残念ながら、わたしの研究範囲では実写を確認したことはありません」

やはり高柳も「西郷は写真を写さなかった」と思っているのだろうか。

「いや、写真を写さなかったということではなく、現在まで発見されていないので、これから先のことはわかりません。しかし、西郷さんの特徴は、はっきりしています。それは大きな目と体軀で、身の丈は軍服や実見した人たちの証言から、ほぼ見当がついています。一メートル八十センチの大男で、体重は八十キロ以上あったはずです」

私は持参した資料を高柳に見せて意見を聞いてみた。

「初めて見る資料です」

持参した資料は、明治四年（一八七一年）の正月、西郷が高知の素封家・竹村家を訪ねたときに、当主の予佐右正智が目の当たりにした西郷の特徴を記録したものので、そこには次のように記されている。

　　隆盛殿背高サ五尺八九寸計　腕ノ付根迄本結ノハイリ
　　不申大丈夫成御方ニテ候耳筋ハくぼみ無之　モチヲ延タル如
　　メズラシキミミ御座候　目方廿六貫モ有之様見受申候

この記述を見れば、西郷の身長は高柳の指摘どおり、一メートル八十センチ近くあり、体重八十キロを超えていたことは間違いあるまい。

そして、耳たぶは「窪みがなく餅を延ばした」形状であったようだ。

他にも絵画や模写絵を見てもらったが、高柳がイメージする西郷の実像にあてはまるものはなかった。

「せっかくお越し頂いたのですから、未公開の西郷肖像画［写真⑤］をお見せしましょう。これとほとんど同じ肖像画の複製が鹿児島県歴史資料センターにも収蔵されていますが、この肖像画は実物で、二〇一一年に宮崎の人から譲渡されたものです」

肖像画は長さ一メートル三十センチ、幅三十センチほどの和紙に描かれている。肖像画の西郷は右横向きだが、髭の剃り跡、腕の毛脛《けずね》までもが精緻に描かれている。落款《らっかん》は「肥後直熊」と押されていた。高柳はこの肖像画について解説してくれた。

「年代はハッキリしないのですが、西郷没後五十回忌（一九二六年）以前に描かれたものと推測しています。この肖像画が西郷さんの表情を最も忠実に表現していると思います。その根拠は、西郷の末弟である小兵衛の未亡人松子さんが、数点の肖像画のなかからこれを選んで、〝これまで多くの肖像画があるが、この絵は生前の温容を最もよく写したもので、あたかも西郷さんを眼前で見るようだ〟と証言したんです。西郷さんの表情は、この肖像画に近似したものだと確信しています」

肖像画といえば、これまでに西郷を目撃したとされる服部英龍（鹿児島）、床次《とこなみ》正精《せいせい》（鹿児島）、石川静正《しずまさ》（庄内）といった画家たちが描いた肖像画は有名だが、肥後直熊の肖像画はそれらとはまるでタッチが異なっていた。

また西郷の肖像画としては、前出の二戸の小舟浩幸が検証の参考にしたという大分の日田市で発見された平野五岳《ごがく》の作品［写真⑥］がある。

［写真⑤］肥後直熊による西郷の肖像画。西郷南洲顕彰館の館長・高柳は、「西郷さんの表情は、この肖像画に近似したものだと確信しています」と話していた

［写真⑥］西郷を身近に知っていたと言われる、画僧・平野五岳による西郷の肖像画

五岳は画僧で西郷を身近に知っていたと言われる人物。この肖像画は地元の五岳研究家が、二〇〇三年に市内の骨董店で偶然発見したものだ。

肖像画は掛け軸に描かれた半身像で、顔にはうっすらと彩色が施されており、明治二十年（一八八七年）代の制作と鑑定されたようだ。

写真が持つ絶大な力

ここまで「西郷写真」とされた写真が、いつの時代から流布されてきたのか——その背景を含めて検証してきた。

だが、改めて不思議に思うことがある。

西郷の肖像画はいくつも存在するのに、なぜ写真だけがことごとく存在しないのか。西郷がさまざまな理由で写真を残さなかったと結論づけてしまうことは簡単だが、ここまで提示してきた数々の状況証拠は、私にその結論をすんなり受け入れることを拒絶させる。

なぜ、西郷が写真に写る状況は多々あったにもかかわらず、写真が存在しないのか——西郷の写真が流布することを恐れた人物が、いたのではないか。

風野真知雄の小説『西郷盗撮』（新人物往来社）には興味深い仮説が展開されて

いる。

徳川将軍家に代わって、いまや全国にその権威を示しつつある天皇。この急速な人心の変化をもたらすのにも、天皇の恩賜写真が大きな役目を果たしているのではないか……。

しかし、大久保はそのことにいち早く気づいていたのだ。西郷に対する妬心だけではない。だからこそ、現政府の参議たちの写真が出回るのは黙認しながら、ニセの西郷写真については厳しい取り締まりをおこなったのだ。

風野の仮説の要諦は、「ニセの西郷写真が流布されることを恐れたのは大久保で、それを阻止するために厳しい取り締まりを行なった」というものだが、この動機説明には説得力がある。どんな形であれ、下野し、賊軍の大将となった西郷の写真が流布することを明治政府は危惧したのである。実際、「永山西郷」のケースをみるまでもなく、西郷写真は民衆の間で人気を博した。

だが、私は風野の仮説とは反対に「真正写真」が流布することを大久保は恐れたのではないかと推察している。

それは明治四年(一八七一年)十一月、前述の明治天皇の横須賀巡幸で起きた「パパラッチ写真」事件が、大きく影響していたのではないか。

このとき、大久保は岩倉遣欧使節団の副使として多忙をきわめていたが、「パパラッチ写真」の情報は外務卿の耳にまで達していた。当然、外務卿経由で「天皇盗撮」の一件は大久保にも伝わっていたはずだ。大久保は写真がもつ絶大な力に気づいていた。

当時、西郷はカリスマとして、また維新の英雄として神聖視されていた。明治政府は、明治天皇を絶対君主として国民に知らしめるために、内田九一が撮影した「御真影」をプロパガンダとして最大限利用した。そして、その効果は絶大だった。

賊軍の大将である西郷の写真が流布することは、明治政府にとって、何としても避けたい事態だった。西郷の写真が、あたかも天皇の御真影のように広まれば、西郷を英雄視する国民の感情が反政府へと転ずる危険性があった。

だから、西郷の写真は消された——。

「西郷を殺せとは言わなかった」

鹿児島取材では写真資料を入手することはできなかったが、指宿《いぶすき》の旅館「白水館」の主・下竹原弘志が著した『西郷隆盛の実像』という本を入手できた。

この本は各界の著名人が記した西郷の人物評を編集したものだ。新政府の大蔵省で主計局長や理財局長、日銀総裁などを歴任した松尾臣善《しげよし》の興味深い回顧録が載っている。

西郷南洲の帰省は勅許があったので、陸軍大将は現役のままという勅語が副えられているから政府は陸軍大将の現役俸を明治十年まで鹿児島県庁へ送付した。県庁から通知状を出しても受け取りに来ない。「代理で良い」と言ってやっても取りに来ない。しかた無しに会計属が持って行っても受け取らない。県庁でも扱い方に困り、陸軍省へ逆戻りさせた。それを陸軍省から大蔵省に返すと、大蔵省でも、そんな法規が無いと言って受け取らまい。陸軍から又鹿児島県庁へ送る。県庁から又戻ってくる。とうとう後には陸軍省で「陸軍大将西郷隆盛積立金」として保管した西南戦争が起こる直前まで陸軍省には「陸軍大将西郷隆盛積立金」なるものが保管されていたことをこの本で初めて知った。

この西郷積立金はその後、どのような扱いになったのかは不明である。

明治政府と袂を分かった西郷を明治天皇が気にかけていたことを物語る、ひとつのエピソードと言えるだろう。

西南戦争で西郷の死の報を受けた明治天皇は「西郷を殺せとは言わなかった」と漏らしたとされる。

明治天皇と西郷隆盛――二人の間には特別な関係があった。

第三章

「スイカ西郷」をめぐる謎

内田九一が撮影した謎の写真

「スイカ西郷」〔写真①〕と呼ばれる写真が存在する。

六人の人物が写る写真で、右側から二番目の人物が「西郷隆盛」とされ、新聞、雑誌などで喧伝されてきた。

だが、この写真は明治二年（一八六九年）から同八年（一八七五）の間に、内田九一が浅草瓦町に開業した「九一堂万寿写真館」で撮影されたものであることが、最近の研究で明らかになってきた。『英傑たちの肖像写真』（渡辺出版）には、この写真の素性を特定する次のような記述がある。


この写真は、明治天皇を謹写したことでも知られる内田九一の写真館で撮影されたものである。内田九一は明治元年に横浜馬車道に写真館を開き、同2年に浅草大代地にも開業した。（中略）この写真は浅草大代地（瓦町）にあった内田九一の写真館で撮影されたことが確実である。撮影年代は開業した明治2年から、内田が没する明治8年と考えられる

[写真①] 六人の人物が写る写真で、右側から二番目の人物が「西郷隆盛」とされ、新聞、雑誌などで喧伝されてきた「スイカ西郷」。西郷とされた人物は再興重富島津家の医者・小田原瑞苛であるというのが、定説ではあるが……

写っている人物についても、ほぼ同定されてはいる。だが、私は取材を通して、この写真に関する研究家のさまざまな見解に触れて、「西郷が写っていない」とは断言できない状況証拠があることを知った。

はたして、この写真には本当に西郷が写っているのか、いないのか――「肯定派」と「否定派」が論じる資料を探し求めて、各地を取材した。

「スイカ西郷」はいつ登場したのか

まず、鹿児島で探したのが『大西郷　謎の顔』（芳即正・著作社）であった。同書には「肯定派」と「否定派」の論考が収められ、西郷写真の変遷を知るには格好の資料だった。

寄稿者の論証は後述するが、まず、この「スイカ西郷」が世に初めて登場したのは、いつの時代なのか。私が調査したかぎりでは、大正十一年（一九二二年）十一月、東京日比谷公園内の府立図書館で開かれた写真展覧会が嚆矢ではないかと考えている。

写真に写る六人の人物を鑑別したのが、前述した相良武雄である。相良は六人を右から次のように記した。

島津忠欽《ただたか》（今和泉島津家第十三代当主）、島津久明（光久の十男）、島津図書（宮之城島津家第十五代当主）、島津珍彦《うづひこ》（再興重富島津家第六代当主）、島津悦之助、久蔵

注目すべき点は、相良が「西郷」の名を記していないことである。

次にこの写真が世に現れたのは昭和八年（一九三三年）九月二日の「福岡日日新聞」紙上であり、記事には次のような説明があった。

右から建部武彦、西郷隆盛、島津支藩の某藩主、加藤司書、不明、坂本竜馬

ここで初めて「西郷」の名が記されたのである。

また昭和十六年（一九四一年）七月に福岡市で開かれた、福岡藩士・平野国臣の「七十七回忌」への参列者（一部）に配布された「平野国臣を交えた維新の志士たち」と題した写真にも「西郷」の名は記されていた。この写真に記された氏名は次の通りである。

右より平野国臣、西郷隆盛、桐野利秋、来原良蔵、伊藤博文、坂本龍馬

撮影年代は「安政四年（一八五七年）から五年の正月に長崎にて」、撮影者は「フランス人のロステル（ロッシュの間違いであろう）」となっていた。

しかし冒頭で記したように、この「スイカ西郷」写真は、研究によって「九一堂万寿写真館」で撮影されていたことが確実とされており、場所と撮影者については完全な誤りであることがわかるだろう。

西郷隆盛と小田原瑞苛

このように「スイカ西郷」も「フルベッキ群像写真」や「永山西郷」写真同様、公開されるたびに新たな情報が付加され、数々の話題を提供してきたという経緯がある。

この状況はとりもなおさず、西郷の根強い人気の表れなのであろう。

次に肯定派の元アソカ書房の編集者・大塚君子の論考を『大西郷　謎の顔』から引用する。

明治二年五月、西郷隆盛は鹿児島で函館戦争の情報に眉を寄せていた。五月二日、鹿児島を出発。五月二日、緊迫感にかりたてられた西郷は、待機していた三邦丸に飛び乗った。同船は五日品川に到着。西郷は鹿児島から兵員を乗せ六日発十二日着の豊瑞丸を待って、銃隊一大隊、大砲隊一小隊を率いて十六日品川を出発。（中略）六月一日、西郷は東京に舞い戻り、十五日故郷に向けて東京を去った。こうして五月五日から十六日までの十一日間と六月一日から十五日までの十四日の都合二十五日間は、西郷が東京に居合せた事実がわかった

大塚は西郷が写真に写るための条件として「在京の日にち」を調べている。これは西郷のアリバイ証明のポイントになるわけだ。そして大塚は六人の名を「右から大久保利通、西郷隆盛、島津忠欽、島津珍彦、不詳、伊藤博文」とし、撮影年代は「明治二年」、撮影場所は「東京」とした。

大塚の論考は、西郷の在京年月を「明治二年」と絞ったうえでの検証であるようだ。

前出の宇高随生の論考も同書から紹介しておく。

まず右から二番目の大兵肥満の男が中心で、これが西郷隆盛だと謂われている。これを見ると彼の体躯に相応しい薩摩造りの豪刀を右の手の平でずっしりと突立て、腹が大きく出張っている為か他の者とは異なり左手先が膝まで届かず、その堂々たる貫禄は辺りを圧している。これを見ると如何にも西郷だと伝えられるに相応しい像である。

その左（写真向かって右）に立って左手を肘掛台に乗せ、右の手を西郷の肩にかけているのは大久保市蔵である

他の四人については「中央に立った侍は島津久光の四男忠欽で、椅子に腰をかけ西郷に向き合う様に座っているのが兄の珍彦であって、いずれも薩摩支藩の城主である（後略）」と鑑別していた。

宇高が西郷と断じた人物の特定は「体躯と所持している太刀」からの判定である。そして、宇高は右端の人物を「大久保市蔵（利通）」と比定しているが、その根拠を次のように明かしている。

大久保は久光の内命を受け、珍彦兄弟に会い久光の意向と新政府安定樹立の現状を説き、兄弟を伴い江戸城総裁府に東上の挨拶に伺候し、有栖川宮側近の参謀西郷とも久潤の挨拶を交わした。こうした政局安定の時代を迎えた時、初めてこの『西郷群像写真』と謂われてきたものが誕生したのである（『大西郷　謎の顔』）

［写真②］江戸時代から続く東京の大店（金沢丹後）の子孫宅から発見された大久保利通（中央の人物）が写っているとされた写真

宇高は大久保上京の傍証を新聞記事に求めている。

見出しは「大久保、伊藤、五代等東京に集う」、本文は「薩州公並大久保市蔵、五代才助、伊藤俊輔、吉井幸之輔等東京来着由」とあり、記事は明治二年五月二日の中外新聞であった。

余談だが、大久保とされる人物の写真［写真②］を、江戸時代から続く東京の大店（金沢丹後）の子孫宅から発見したのも宇高であった。そして、明治初期の金沢丹後の当主は金沢三右衛門で、本人が書いたとする覚書なる古文書も発掘していた。

島津珍彦様江石町（ママ）ノ奥座敷居候間二階其奥共貸渡候珍彦殿ハ当主島津公之弟也仮岩城少輔ト称シ住居被致候得共僅一両月ニテ本名ニ被改候事御家来三人別府庄左衛門小田原隅嘉南鳴賢ノ三人也外下男七蔵（『大西郷　謎の顔』）

この古文書には後述するが、「否定派」の島津久敬が書いた論考に登場する「小田原瑞苛《ずいか》」と思われる人物が、「小田原隅嘉」の名で記されているが、文書の人物が「小田原瑞苛」だとした場合、彼が東京に滞在していることの矛盾が、後述する瑞苛の墓碑から読み取れるのだが……。

島津久敬の論考を以下に同書より紹介しておく。

> 私の調べでは、この写真は右から橋口半五郎（忠欽家臣）、小田原瑞苛（珍彦の家臣で医者）、島津忠欽（久光の四男）、筆者の曽祖父島津珍彦（久光三男）、祖母明子の父島津忠斉（久光五男）、不明というのが正しい人物である。（中略）祖母明子が生存中（昭和三十三年死亡）、私はよく写真の右から二番目の人物は「小田原瑞苛と言う人ですよ」と聞いていた。祖母は明治二年生まれで、幼少から小田原瑞苛をよく知っており、医者だったのでたえずその診察を受けていた（『大西郷　謎の顔』）

また久敬は姶《あい》良《ら》郡（現在は姶良市）重富にある再興重富島津家の菩提寺・紹隆寺（曹洞宗永平寺派）を訪ねて瑞苛の墓を探しだしていた。墓碑には次のように彫れていたという。

> 医を以て諸国を殿について巡回す。常に鹿児島に住す。明治二十一年六十五歳で死亡

薩摩藩（宗家）には一門家と称する再興重富島津家（大隅重富領）、今和泉島津家（薩摩藩今和泉領）、加治木島津家（大隅加治木領）、垂水島津家（大隅垂水領）のほかにも家老家の宮之城島津家などの有力分家を薩摩領内に置いて、各地方を治めていた。この統治システムは広大な薩摩領を支配するための合理的な藩制であった。小田原瑞苛は再興重富島津家の主治医であったので、領主（島津珍彦）に従って、薩摩藩内を巡回医療していたと解釈した。「諸国」とは、薩摩藩領内のことを意味したのではないか。瑞苛は文政十一年（一八二八年）生まれで、珍彦は弘化元年（一八四四年）生まれなので年齢差は十六歳であった。この碑文が正確であるならば、瑞苛は「終生鹿児島を離れることはなかった」と解釈することができる。

前述したように、「スイカ西郷」には島津一門の忠欽、珍彦、忠斉の三人が写されていると、久敬は書いているが、この三人のなかで忠欽と珍彦の二人が東京で記念写真に納まっていることは確認されている。

島津兄弟が明治二年には在京していたことは、写真の傍証として信用できるのではないか。

「西郷隆盛」変じて「小田原瑞苛」――前出の久敬の検証では西郷は小田原瑞苛

であるという。さすれば、墓碑に彫られた文言は何を意味するものなのか。

瑞苛は文政十一年（一八二八年）生まれであるから、仮に前述の久敬の「小田原瑞苛」説を採ると、この「スイカ西郷」写真は明治二年から八年の間に撮影されていることが明らかで、瑞苛は四十一歳から四十七歳のときの写真ということになる。また同時代の明治二年〜八年において、西郷は「四十二歳〜四十八歳」になっていた。奇しくも西郷と瑞苛は同年代の薩摩人であったわけである。

西郷と小田原は同年代であること。研究によって明らかとなった撮影年代と西郷の在京の時期も一致すること。さらに、瑞苛の墓碑に刻まれた文言――常に鹿児島に住す――が正しければ、あの写真に写る人物が小田原瑞苛ではないという可能性も浮上する。

だとすれば、あの人物は何者なのか。

「この写真には西郷が写っている」

もう一人「肯定派」である片山徹の論考を記しておく。

片山を取材したのは大阪で、鹿児島取材から一か月後のことであった。

片山を知ったきっかけは、彼が出版した『銀板写真黙示録』をウェブ上で知ったのが縁であった。

アマチュアの歴史研究家を自認する片山の曽祖父（片山本次郎）は、銀板写真に写る日本で第二号（第一号は一八五七年にダゲレオタイプの写真機で撮影された、島津斉彬の肖像写真で文化財に指定されている）の人物だという。

片山の本業は建築家で、私は、持参の「スイカ西郷」写真を見せながら取材を始めた。

片山は写真を眺めながら自説を語りはじめた。

「このスイカ西郷の写真は幕末の福井藩主だった松平春嶽公（慶永）の手文庫に納められていたガラス版写真なんです。いわゆる湿式写真のことです。写っている人物は右から伊藤俊輔、西郷吉之助、松平春嶽公（慶永）、島津珍彦、小野熊三郎、島津忠義の六人で、写真好きだった慶永が江戸八丁堀の霊岸島にあった福井藩江戸屋敷から五人を連れて、浅草の内田九一の写真館で撮ったものです。写真館への案内人は公家侍の小野熊三郎です」

片山の鑑別には前述の二人が指名しなかった人物に代わって新たに「松平慶永、島津忠義、小野熊三郎」が加わった。

片山は自説の根拠を次のように語ってくれた。

「曽祖父の経歴を調べているうちに、曾祖父本次郎は福井藩と深く関わっていたことがわかってきたんです。福井藩では曾祖父は司法方を務めており、江戸屋敷にも詰めていたようです。写真の存在は本次郎の経歴を調べるうちに判明しました」

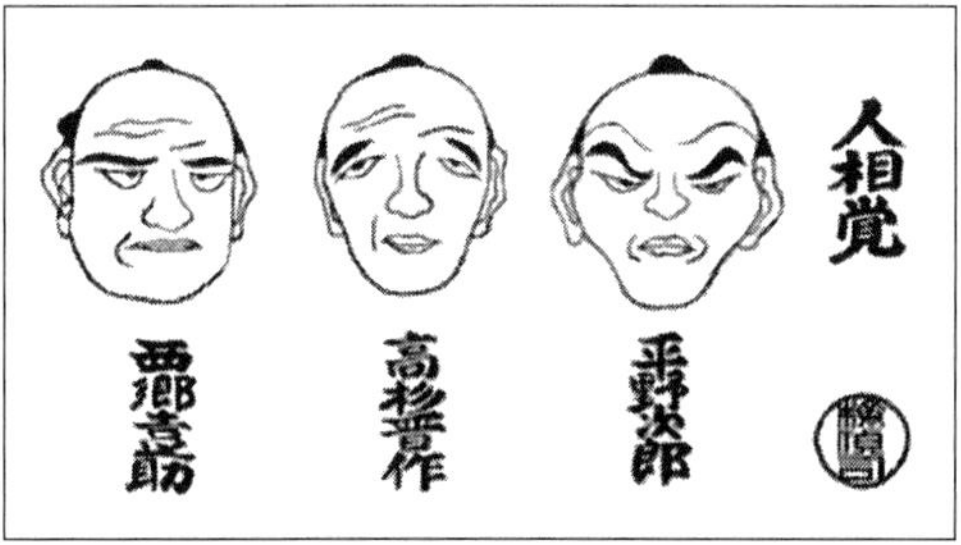

［写真③］幕府の検偵司が絵師に書かせた三人の手配書。高杉晋作、平野次郎（国臣）、西郷隆盛が描かれている

松平春嶽と江戸屋敷、そして内田九一の浅草の写真館が結びつく証言は初めてであった。撮影年代について質問すると『銀板写真黙示録』を出して、「一八七一年の明治天皇の西国巡幸の後、西郷の下野前七二年八月初旬撮影と特定」と説明した。

明治五年から明治六年の間であり、前述の研究結果（撮影時期は明治二年〜同八年）と時期的にも符合する。片山はこの撮影年には「自信がある」と筆者に答えた。

取材は次いで「西郷のモンタージュ画」が話題となった。

江戸末期に作成されたという「人相覚」〔写真③〕のことである。

「幕府の検偵司が絵師に書かせた三人の手配書。ここには高杉晋作、平野次郎(国臣)と一緒に西郷吉之助(隆盛)も描かれています。特徴は目と耳、目は仏像のような半眼で耳たぶは丸餅状。絵師は西郷の特徴を的確にとらえています。今のモンタージュ画の奔りです」

片山は「スイカ西郷」写真に「西郷隆盛」は写っていると断言する。

たしかに「スイカ西郷」は不思議な写真である。

写っている人物は前述の通りだが、島津家の領主二人を差し置いて、家臣であるはずの小田原瑞苛の堂々たる佇まいと座っている位置に違和感を覚えるのは私だけではないだろう。

私の直観も片山と同じだが、「西郷」以外の人物の比定には正直のところ疑問符をつけざるを得なかった。

さて、最後になるが「否定派」の島津久敬を援護する強力な助っ人ともいうべき、元鹿児島市長で郷土史にも造詣の深かった故勝目清の論考を抜粋して掲載しておく。

この写真は右から一番目は島津忠欽の家臣橋口半五郎であって大久保利通ではない。二番目は島津珍彦の家臣小田原瑞苛であって、西郷隆盛ではない。三番目は島津久光の四男島津忠欽で今和泉の領主、四番目は島津久光の三男で重富の領主であることは確実である（『日本歴史』第二一三号所収）

ここで「スイカ西郷」の写真に写るとされる人物を整理してみる。西郷隆盛を除く他の五人は比定者によって名前は異なっている。登場するメンバーは島津忠欽、島津久明、島津図書、島津珍彦、島津忠斎、島津悦之助、久蔵、小田原瑞苛、建部武彦、加藤司書、坂本龍馬、平野国臣、桐野利秋、来原良蔵、伊藤博文（俊輔）、大久保利通（市蔵）、松平慶永、島津忠義、小野熊三郎、橋口半五郎である。

鑑別された人物はほとんどが幕末維新の著名人である。この「スイカ西郷」写真も「フルベッキ群像写真」同様に、世の中を騒がしてきた真正写真であった。

「スイカ西郷」に西郷が写るとする肯定派の検証も否定派の検証も、それぞれに論拠を以て論述していたが、はたして「スイカ西郷」に西郷は写っているのか、それとも写っていないのか――まだ確たる検証は終わっていない。

いずれにしろ、本稿で述べた通り、「スイカ西郷」写真を、過去の「西郷写真」同様に〝フェイク写真〟と切って捨てることができない数々の状況証拠があるのも事実である。

だが、資料と検証から「スイカ西郷」の真実を追究することには限界がある。

「スイカ西郷」の真偽は、橋本教授の鑑定に委ねることとした――。

第四章

「西郷の貌」が提示した歴史ミステリーのトリック

一級のミステリー〝小説〟

『幕末 維新の暗号』（祥伝社）でフルベッキ群像写真をめぐる謎を一級のミステリー小説に仕立て上げた加治将一。

その加治の「禁断の歴史シリーズ」第五弾に『西郷の貌』（祥伝社）という作品がある。加治は、同書の着想について「週プレＮＥＷＳ」（２０１２年3月27日配信）のインタビューで次のように答えている。

――物語の着想はどのようにして生まれたのですか？

加治　僕の講演会に来た方に一枚の写真［注1］を見せてもらったのがきっかけです。その写真には、薩摩藩海防の頭目であった島津久治を中心に、東郷平八郎や仁礼景範を含む総勢13人の薩摩藩士が写っているものでした。僕は以前、『幕末 維新の暗号』という本で、長崎英語伝習所［注2］で英語講師をしていたグイド・フルベッキが幕末の志士たちと一緒に撮った有名な写真を研究したことがあります。見せてもらった写真には、僕が「フルベッキ写真」で西郷と比定した大柄な男と同じ若者がいたのです。

──その人物が西郷なんですね。しかし、西郷の顔のイメージとは、だいぶ違うように見えますが？

加治　西郷の写真は見つかっていません。歴史の教科書に載っている顔は外国人が描いた肖像画ですが、当時、本人を知る者［注3］たちは「これは西郷ではない」と断じています。東京・上野の西郷像は、そんなニセの肖像画［注4］から作られたものです。

未見の読者もいるかと思うので、『西郷の貌』という作品の概要を簡単に述べ

注1：『日本歴史寫眞帳　近古の巻』(秋好善太郎著／一九一三年六月／東光園刊)に所収。
注2：グイド・フルベッキが講師をした時代は「長崎洋学所」と称した。
注3：除幕式には総理大臣・山縣有朋　内務大臣・西郷従道　陸軍大将・大山巌　逓信大臣・芳川顕正　勝海舟　海軍大臣・山本権兵衛　文部大臣・樺山資紀　伯爵・谷干城　伯爵・榎本武揚　海軍中将・仁礼景範などの政府要人と陸海軍の将星が参列していた。
注4：明治天皇のコンテ画も描いたイタリア人の銅版画家、エドアルド・キヨッソーネ。

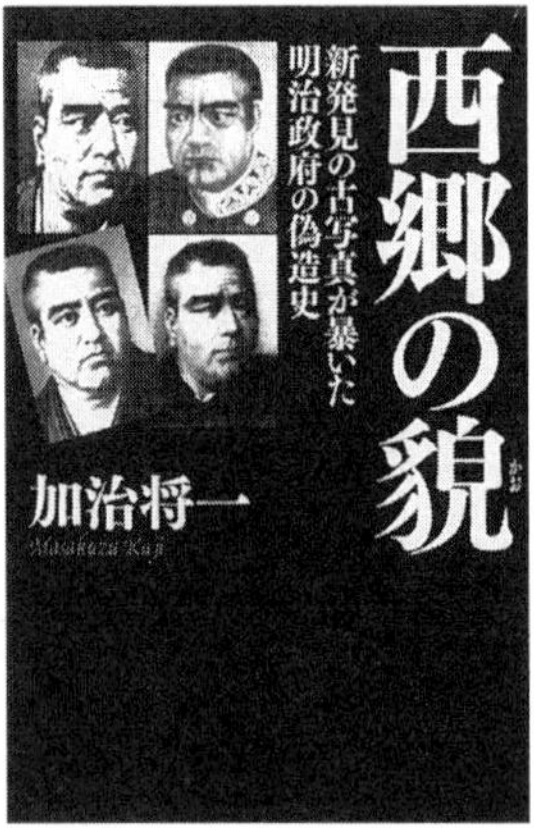

加治将一の歴史ミステリー小説『西郷の貌』（祥伝社刊）

ておく。歴史作家・望月真司が一枚の古写真をめぐる謎を解きながら、ストーリーは展開する。その古写真とは、「島津公」とされる人物を中心にして、一三人の侍が写っているものだった。その写真でひときわ存在感を放つ大きな人物……その人物は、かつて望月が「フルベッキ写真」で西郷隆盛と比定した侍と酷似していた。はたして、この人物は若き日の西郷なのか。そして、この写真には日本の歴史の常識を覆す、数々の事実が隠されていた……。

加治の一連の作品は、ノンフィクション的な手法・体裁をとってはいるものの、あくまでも「小説」である。

歴史の謎に対する加治の検証を補う形で小説が用いられる手法は、『幕末　維新の暗号』と同様だが、『西郷の貌』も一級の歴史ミステリー小説として成立している。この点については、私の評価は揺るがない。

西郷像をめぐる謎とミステリー

加治は同書で西郷像について、次のように書いている。

「面相は、できるだけキヨッソーネの肖像画風にする」

望月がしゃべった。

「イメージを完全に肖像画的にし、同時に人のよいほのぼのとした小父さんに仕上げたのです」

フルベッキ写真から切り離し、結界を張ったのである。

「なぜ、ほのぼのの小父さんなのです？」

不思議そうに訊いた。

「もし仮に銅像が勇ましき軍人像なら、その放つオーラが旧武士たちをいたく鼓舞し、不穏な空気が漂います。つまり反乱の要となるのです。上野の西郷さんを見ると、とても武器を持って戦おうという気にはなれない和らぎの像です」

加治の小説で展開される西郷像にまつわる謎のストーリーの裏づけとなる論考が美術史家・吉田千鶴子によって発表されている。

当初は「陸軍大将軍服着用の騎馬像」の計画だったが（中略）次に「大将服着用の立像」となり雛形まで出来上がったものの「さる筋から大将服姿に猛烈な反対が起こり」、最終的に現在の姿になった。そこには西郷の高い人気故に反政府的気運を醸成しかねない動向を逸らし、西郷から武人としての牙を抜き、犬を連れて歩く人畜無害な人物というイメージを民衆に定着させようとする政治的な意図が働いていたとみられる（西郷隆盛の銅像・「うえの」所収「上野のれん会刊」）

つまり、上野の西郷像は政治的な意図によって、あのようなイメージに落ち着いたというわけである。再び、加治のインタビューを引用する。

――肖像画は明治政府が作ったものだそうですね。なぜ、政府は似ていない西郷の肖像画を描かせたのでしょうか。

加治　フルベッキ写真に写っているある重要な人物を隠したかったからです。西郷という大物が出ているとなると、フルベッキ写真は正真正銘の歴史的資料になってしまう。そこで、明治政府はフルベッキ写真を歴史の闇［注5］に葬り去るために、人々の西郷イメージを作り替えることを画策した。世間に対して洗脳を仕掛けたのです。

――その「重要人物」とは？

加治　〝彼〟は、明治政府の頂点にある人物です。そして、なぜその人物が写真に写っているのか。白日の下にさらされたら、明治以降の日本が根底から覆るほどの秘密が隠されています。

――どういうことでしょうか？

加治　天皇制に深く関わってくることです。約700年前、「南北朝時代」という、皇室が南北ふたつに分裂するとても稀な時代がありました。

注5：フルベッキ写真は明治二十八年（一八九五年）七月号の『月刊太陽』誌上で戸川残花が「フルベッキ博士とヘボン先生」のタイトルですでに紹介している。

しかし南朝は北朝に吸収され、南北朝合一に至る。その後、現在まで天皇家は北朝家といわれています（後略）。

加治は、右のインタビューで本書の内容を語っているように、「西郷写真」の探索から南北朝時代、大和王権時代（魏志倭人伝も出てくる）にまで話が飛んでしまい、肝心の「フルベッキ群像写真」に写るとされる西郷と、「一三人撮り写真」の「西郷」の関係に整合性がない点がフィクションの限界を露呈してしまっていると私は感じた。

禁断の写真「一三人撮り」の意外な真実

だが「写真」という実証資料を小説の題材として使うという手法は斬新な発想である。

たとえば「一三人撮り」には日本海海戦で大勝利を収めた連合艦隊司令長官・東郷平八郎大将（一八四八〜一九三四）と武器商人のトーマス・B・グラバー（一八三八〜一九一一）が岩崎邸で撮影された記念写真［注6］に収まっていることから、「一三人撮り」に東郷が写っていると比定している。

また『幕末　維新の暗号』の増補版として刊行されている『ビジュアル版幕末　維新の暗号』（祥伝社刊）に関して、その信憑性を確認するため、私は鹿児島・宮之城を訪ねた。

まず、加治が「一三人撮り」と命名した写真の素性について説明しておく。

この写真は、薩摩藩が薩英戦争の講和修交のために第十二代藩主忠義の名代として宮之城領主の島津久治（図書）を長崎に派遣し、その際、公式行事終了後に上野彦馬の写場で写したとされる記念写真であり、写っている人物は、久治と島津宗家および宮之城家に仕える家臣たちであった。

撮影時期は一八六四年（元治元年）代といわれており、この古写真はすでにイギリスの古写真研究家でコレクターのテリー・ベネットが、一九九六年に『Early Japanese Images』（タトル出版）というペーパーバックを刊行し、そのなかで「The Prince of Satsuma and his Principal officers」というタイトルをつ

注6：長崎の旧グラバー邸に展示されている写真を使ったのではないか。

加治が〝新発掘の古写真〟として取り上げた写真「一三人撮り」。だが、この古写真はすでにイギリスの古写真研究家でコレクターのテリー・ベネットが、一九九六年に『Early Japanese images』（タトル出版）というペーパーバックを刊行し、そのなかで「the prince of Satsuma and his principal officers」とタイトルをつけて紹介している

けて紹介している。

まずはこの写真に写る人物を覚えてもらいたい。加治はこの写真に写る、島津久治以外の人物を次のように比定した。

●【確定・六人】西郷隆盛・伊東祐亨《すけゆき》・仁礼景範《にれかげのり》・樺山資紀《かばやますけのり》・川村純義《すみよし》・東郷平八郎

●【未確定】日高壮之丞《そうのじょう》・井上良馨《よしか》・野津道貫《みちつら》・鮫島員規《かずのり》・西郷従道・黒木為槙

そして、この写真が撮影された経緯を次のように説明している。

薩摩藩がこの時期を境に、ぴたりと英国に接着し、軍船を買い、留学生をごっそり送り込んだことを思えば、会談内容はずばり、討幕を睨んだ「薩英密約」だとしても不思議ではない。今後の方針も話し合われたはずで、だからこそ薩摩の海防のトップの久治と、後の大日本帝国海軍の枢軸、名だたる大将連中（仁礼は中将）ばかりが選抜されたのである。薩摩軍のトップ西郷が、その場面に登場した。すべてしっくりゆく。（『ビジュアル版　幕末　維新の暗号』）

加治は『西郷の貌』のなかで、この古写真に写る人物を図のように同定……西郷隆盛を筆頭に後の明治政府の要職につく重要人物の名を挙げている（『西郷の貌』より）

この古写真は研究者の間では周知の一枚にすぎないのだが、加治は西郷隆盛が写る「禁断の発掘写真」として「一三人撮り」を強調し、加治流の同定をしている（詳細は後述）。

前章でも述べているが、西郷が写真を一枚も残さなかったという通説を根拠として、すでに素性が明らかとなっている写真に新たな情報を付加して、「これぞ新発見の西郷写真」として発表されてきた経緯がある。

これが最近の「西郷写真の

発掘パターン」である。

そして、『幕末　維新の暗号』で登場する「フルベッキ群像写真」と『西郷の貌』で登場する「一三人撮り」の写真もまさに前述のパターンを踏襲している。

無論、小説というエクスキューズがあるものの、加治は何を根拠に西郷が写る写真と断定したのか――『西郷の貌』に出てくる宮之城島津家（薩摩藩の有力分家・家老家）の故地に、知られざる資料が残されているのかどうかを確認するため、二〇一二年八月の炎暑に、私は現地を訪ねた。持参した資料は『ビジュアル版　幕末　維新の暗号』で、そのなかで加治は人物同定の情報ソースとして、宮之城家を綴った家歴本『宮之城史』と称する資料を使っていた。

『宮之城史』という資料は存在しない……

鹿児島県薩摩郡さつま町はかつて国鉄宮之城線の主要駅になっていた土地で、いまでも北薩の中心地で孟宗竹《モウソウチク》の発祥地とされている。

資料センターは町の中心地から二キロほど離れた孟宗竹に囲まれた静かな場所にあった。挨拶もそこそこに会議室に招じられた。専門委員の川添俊行は資料を用意して待っていてくれた。私はまず、加治が「一三人撮り」の人物同定の情報ソースとして使用した資料『宮之城史』について聞いてみた。

「ここは、宮之城島津家十五代の本拠地になった土地ですから。古文書から活字本までけっこうな数を集めています。お尋ねの『宮之城史』ですが……残念ながら、ありません。それは幻の資料でしょう。宮之城に関係する資料は古文書では享保年間（一七一六年〜一七三六年）に記された『宮之城記』、戦前のものでは男爵を授かった第十六代・島津長丸さんが編纂所をつくって書き残した『島津図書久治及先世事歴』、戦後のものでは町が発行した『宮之城町史』、それと『薩摩町郷土誌』などがあります」

加治が西郷などの人物同定の根拠とした資料『宮之城史』は存在しない……私が持参した『ビジュアル版　幕末　維新の暗号』を川添に見せて、意見を乞うた。

「写真の説明がありますな。これは平成十二年に町史の改訂版を出したときに掲載した写真で、地元の有力者の方に提供してもらったものです。そのお家は島津家のなかでも有力な家柄だったそうで、こちらでも、写真の出自を調査中なんです。この本の作者はまるごと町史を使ったんですな。写真のキャプションも同じ『薩英戦争講和修交時の島津久治』とありますが（中央の）文字を省いていますな

〈薩英戦争講和修交時の島津久治〉

続いて撮影時期と目的が書かれている。

〈元治元年十二月（一八六五年一月）、薩英戦争の講和修交使として長崎に赴き、イギリス軍艦を訪問して交渉に当たる〉

時期は、西郷が沖永良部島から戻った一〇カ月後だ。島から戻った西郷は、南方の寄生虫にやられて歩けないほどガリガリに痩せていたのだ。「一三人撮り」の西郷のご面相もまたしかり、頬がこけていて、痩せ具合が一致する。

記録では、この写真撮影時期のまさにそのあたり、西郷は小倉で中岡慎太郎と会い、幕府に逆らって、三条実美など五卿を太宰府天満宮に預うための工作を進めている。

一連の工作を終え、西郷は鹿児島に発つ。長崎はそのルート途中にある。寄って慌ただしく久治と合流し「一三人撮り」に収まった、という推理が働く。

実は拙著『西郷の貌』を出版した後、まったく別の古いアルバムに、同じものが載っていることが判明した。

『維新と薩摩』という黄金寿を使用した豪華本だ。

発行年は昭和四三年。発行所は株式会社南日本放送となっている。鹿児島のテレビ・ラジオ局だ。監修委員には元鹿児島市長、共同通信顧問、鹿児島大学教授、鹿児島県高校歴史部会会長など地元の名士がずらりと並んでいる。

写真提供は島津久厚とあり、薩摩藩主の血筋と見受ける。つまり地場セレブの肝煎りアルバムだ。

ところがキャプションは『宮之城史』とまったく違った。

〈慶応三年、長崎に留学中の薩藩学生〉

二つのアルバムの違いを比較するとこうなる。

	撮影年	被写体	目的
『宮之城史』	元治元年（一八六四年）一二月	島津久治一行	薩英戦争講和修交のため
『維新と薩摩』	慶応三年（一八六七年）	久治と藩 薩藩長崎留学生	記念写真

どちらかが間違っているはずだ。

そして驚くなかれ『維新と薩摩』では三名を除く一一名全員の名を特定していた。

それによると、西郷は別名である。

私が自信を持って弾き出した名前と比べると、仁礼景範以外は全員異なる。開いた口がふさがらないおばかりだ（以下、上段が私、下段が『維新と薩摩』）。

西郷隆盛　→［illegible］（？）
東郷平八郎（海軍大将）→［illegible］（？）
樺山資紀（海軍大将）→相良次大夫（？）
仁礼景範（海軍大将）→仁礼景範
伊東祐亨（海軍大将）→宇宿彦右衛門（？）
川村純義（海軍大将）→江夏○介（？）

それ以外の四名も、知らない名前だ。胡散臭い、というのが偽らざる直感だった。

そもそも藩主級の久治が、長崎まで行って、学生たちに会い、わざわざ写真を撮る、というのが解せない。それに百歩譲って長崎留学生だとしよう。ならば、仁礼景範（後の大日本帝国海軍大臣）を除いて他の全員が無名だというのは奇妙だ。

長崎留学生は、何だかんだとほぼ全員が明治新政府に就職し、それ相応のポジションに就いているのだ。『維新と薩摩』の名前たちを調べたが、誰一人として出てこないのである。

薩英戦争講和修交使時の島津久治（中央）

第十五代　久治

第十六代　忠丸

（4）職制・役職

▲慶応3年長崎に留学中の薩摩学生　中央、島津図書（久光二男）後列右より床次正精・瀬田淳林・本田彌右衛門・江夏蘇介・平田島津家家来・仁礼源之丞・税所次大夫・伊地知壮之丞・伊集院彦助・舞入雄次郎・前列の2名は不詳。
◀日本最初の女子留学生　明治4年ごろの写真であるが、右端はのち大山巌夫人となった山川捨松、当時12歳。右から4人目津田梅子（8歳）左端永井繁子（10歳のち瓜生大将夫人）

『ビジュアル版 幕末 維新の暗号』と一致する記述がみられる『宮之城町史』（平成十二年六月刊行／町史編さん委員会編）、前頁。加治はこの資料の存在を隠すために存在しない『宮之城史』なる架空の資料を持ち出したのだろうか。また加治が参考文献として挙げ、「うさん臭い」と感想を述べている『図録維新と薩摩』（昭和四十三年 南日本放送出版）。写真のキャプションには二名を除く十一人の名前が挙げられているが……

（中央には久治が写る）。それと久治の動向に元治元年十二月の項がありますが、最後の文章〃この時イギリスの商人グラバーが通訳にあたった〃も省いていますな。

なぜ、隠すんでしょうか。町史を参考文献に使用したと出典を明記すれば、それでいいわけでしょうが。この作者の方に是非『宮之城史』を見せてもらいたいです。たぶん貴重な資料なんでしょう」

新発掘とされた「一三人撮り」の写真は『宮之城町史』（平成十二年版）に掲載されていた。さらに、川添の説明と町史を見るかぎり、加治が発掘したとする『宮之城史』なる資料は存在しない。加治は独自の資料収集の成果で、幻の資料を発見したのであろうか？

いずれにせよ、加治が「自信をもって編みだした」（『ビジュアル版　幕末　維新の暗号』）とされる手法で比定した六人が「島津久治公と薩摩藩士の一行」の写真に写っているかといえば、その答えは残念ながら「ノー」である。

また、加治が「西郷隆盛」と断定した「床次正蔵」について川添は、次のように答えてくれた。

「調査中なので人物特定がまだできていませんが、いずれ判明すると思います」

そして川添は久治の長崎訪問を明かす資料として、前出の島津長丸が編纂した『島津図書久治及先世事歴』を取りだして見せてくれた。同資料の「元治元年十二月」の項には次のような記述があった。

講和修交使トシテ英艦ヲ訪問スヘキノ命ヲ拝シ且、其他ノ視察ヲ帯ヒテ鹿児島ヲ発ス床次正蔵、伊集院彦助共二之二随フ而シテ伊地知壮之丞、仁禮平助、平田平六等既二長崎二在リ（後略）

島津長丸は久治に同行した家臣の五人の名（床次正蔵、伊集院彦助、伊地知壮之丞、仁禮平助、平田平六）を挙げている（写真の人物は特定していないが）。

久治が長崎に滞在した期間は元治元年（一八六四年）十二月から慶応元年（一八六五年）正月までの約一か月間であったようだ。

もちろん加治が同定した六人のうち「仁礼景範」以外は、誰一人、久治の随行者として長崎には赴いていない。

加治の比定は五人（西郷は除く）の明治時代の壮年期の軍人写真を当てはめて同定しているが、これも「写真のトリック」ではなかろうか。写真は「真実を写す」という先入観が、鑑賞する者にイメージを刷りこんでしまうからである。

「一三人」のなかで読者の関心が向くのはなんといっても「西郷隆盛」であろう。

加治が『西郷の貌』と『ビジュアル版　幕末　維新の暗号』で紹介した「一三

人撮り」と称する写真に写る「西郷隆盛」と同定した人物は、私の調べたかぎり、残念ながら別人であり、その正体は島津宗家の家臣、もしくは宮之城島津家の家臣「床次正蔵」であることが判明した。

一三人のうち「床次正義（正蔵）、原田淳林、本田怒右衛門、江夏籍介、平田平六、島津図書久治、仁礼源之丞（平助）、相良次太夫、伊地知壮ノ丞、伊集院彦助、喜入雄次郎」の十一人を同定したのは、前出の研究者・高橋信一であるが、加治が同定した人物のなかで唯一、高橋の同定と一致する人物は「仁礼景範」だけであった。

つまり、加治が同定した人物について、資料などから確認できる人物は一人しかいなかったのである。

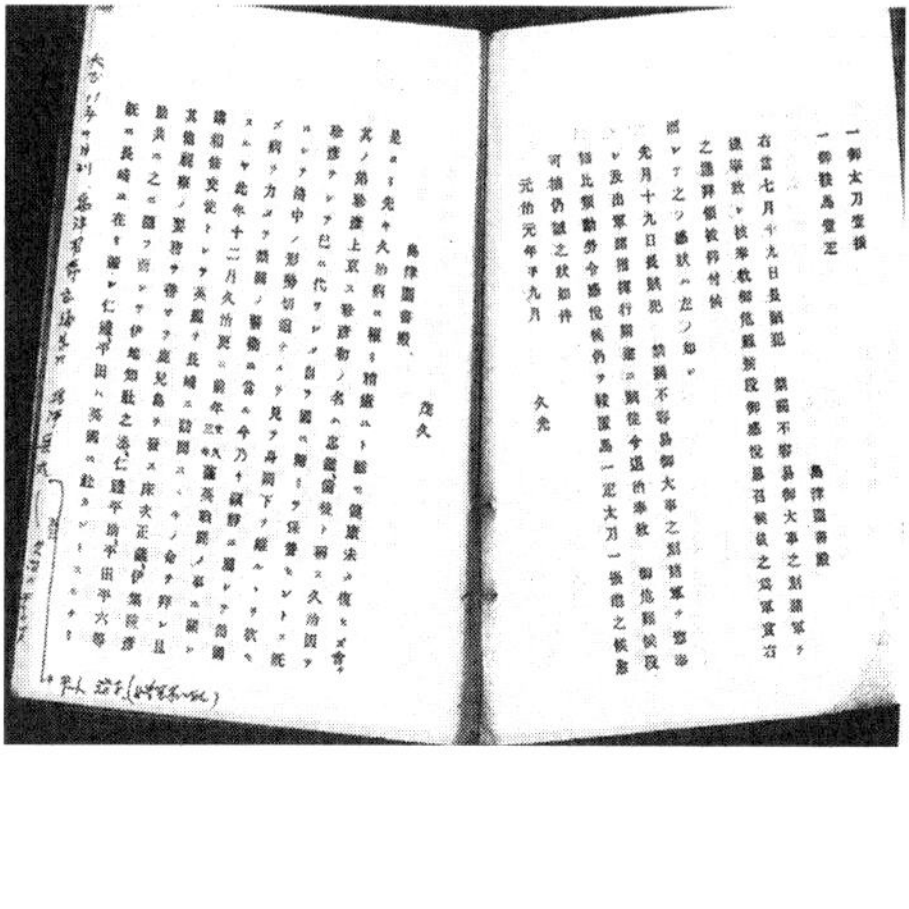

『島津図書久治及先世事歴』にはこの写真が撮影された元治元年十二月に長崎を訪問した久治とその一行（五人）の名前が列挙されている。残念ながら、ここに加治が同定していた人物は「仁礼景範」以外誰も記されていない……

写真はなぜ〝消された〟のか

加治は「西郷隆盛」と「明治天皇」の関係性について「信頼する主従の関係」は、西南戦争の終結をもって、きっぱりと断ったと、その下りを「明治天皇紀」を引用して次のように書いている。

「明治天皇の敵ですよ。自刀した西郷隆盛を天皇が憐《あわ》れんでいた、というのは真っ赤な嘘です」（中略）

天皇が二年もの間、西郷隆盛の指導教育を親身に受けたのは事実だ。

にもかかわらず容赦はしなかった。

西郷切腹の報告を受けた天皇は、なんとも冷酷な勅書を出している。

〈戦賊巣《いくさぞくそう》を滅ぼし、巨魁《きよかい》を斃《たお》し、事まったく平定に帰すと朕《ちん》大《おおい》に懐《ふところ》を癒す〉

（『明治天皇紀』第四条）

ようするに薩摩を賊巣と卑《いや》しめ、西郷隆盛を巨魁、つまり国を傾けた盗賊の親分と罵《ののし》っている。（中略）

「単刀直入に言えば、ざまあみろ、これで安眠できると西郷の死を喜んでいます。憎しみと満足感にあふれた文です」（『西郷の貌』）

「明治天皇紀」はあくまでも公式の記録である。そこに天皇の言説や感情がストレートに記されているとは思えない。

たしかに「明治天皇紀」の文脈は加治の解釈通りかもしれない。だが「西郷と明治天皇」の間には、「明治天皇紀」に記された文脈だけでは測り知れない「信頼関係」があったはずである。たとえば両者の関係について飛鳥井雅道は『明治大帝』（筑摩書房）のなかで次のように書いている。

明治天皇は皇后や女官などに西郷隆盛という題で和歌を詠じさせた。そのさい「西郷の罪過を誹らせないで詠ぜよ、唯今回の暴挙のみを論ずるときは、維新の大功を蔽ふことになるから注意せよ

この追悼歌会は西郷が城山で自刃した明治十年（一八七七年）九月二十四日からさほど時間を経ずして開かれていた。飛鳥井の言説もまた、二人の関係を傍証した証左であろう。

また『日本近代史の虚像と実像1』（大月書店）で、寄稿者の宇野俊一は次のように記している。

西郷の在朝時代は、誠に短かったが、その信頼は誰にも勝って、その退官後は勿論、西南戦後の西郷没後に於いても、常にその言行を思い出したまうた。『あの時に西郷がかういった』『かような折には西郷がかうした』と何かにつけて、お話あそばれた

「西郷と明治天皇」の関係性については右で引用した論考が、他の臣下よりも濃密な関係にあったことを示す傍証と言えるのではないか（いずれにしろ、「小説」というエクスキューズを持ち出されれば、それで終わりであるが……）。

しかし「西郷と明治天皇」の関係をより具体的に示す資料は「文字」よりも「写真」であると私は考えている。

なぜ、西郷の写真が〝消された〟のか——それは前述した、横須賀行幸における、明治天皇のパパラッチ写真が関係していると私は考えている。

なぜ、あの写真を政府関係者が躍起になって回収し、そして〝封印〟しようと

したのか。詳細は後述するが、あの写真には、政府関係者にとって、都合の悪いものが写っていたからである。結果として流出してしまったが、あの写真は禁断の事実を写してしまっていた可能性がある。

上野の西郷像がキヨッソーネの肖像画をベースにして作成されたことも、同様の理由だ。

賊軍の大将が英雄として祀り上げられることは、維新政府にとっては頭痛の種であった。なぜなら、西郷の人気は絶大なものだったからだ。西郷の真正写真が及ぼす影響は計り知れない。カリスマ西郷の存在はその写真もろともこの世から抹殺しなければならない。西郷の写真が残ることは、維新政府にとって、死してなお英雄でありつづける西郷の亡霊のようなものだったに違いない。

西郷の肖像画がキヨッソーネの手によって描かれたのが、西郷の死の翌年、明治十一年（一八七八年）であることが、それを雄弁に物語っている。

明治天皇は過去のいかなる天皇とも決定的に異なる背景を持っている――それが、写真技術の普及した状況下で即位した天皇であるという事実だ。

政府は写真の力を最大限に利用し、御真影によって、天皇の神格化をはかった。写真の持つ力を、そして写真の持つ恐ろしさをいちばん知っていたのは、維新の政府関係者だったのだ。

だから、西郷の写真は消され、写真は肖像画へと〝すり替え〟られた――。

いずれにしろ、私は『西郷の貌』をエンターテインメント性に溢れた、一級の歴史ミステリー小説として高く評価している。

最後に研究者・高橋信一の『西郷の貌』に対する批評を引用して、本章を締めたい。

多少手厳しい面は否めないが、研究者と小説家のスタンスの違いがよく理解できる批評である。


前作『幕末　維新の暗号』の妄想を正当化したいと、いろいろな写真を漁っていることは理解出来るが、歴史の事実の検証能力の不足は解消していないと思われる。不足分を空想で補う手法は変わらない。それが作家の役割ともっと言ってしまえば、その通りである。様々な歴史の周辺状況を書き込んでもっともらしさを演出しているが、ここでは写真関連についてのみ問題点を指摘することにする。

70ページに掲載された写真ほ、元治元年12月から慶應元年1月にかけて薩摩藩主島津忠義の名代で島津久治と珍彦が長崎のイギリス艦隊を表敬訪問した時に、上野彦馬のスタジオで撮影された写真であることは以前から知られていた。(中略)使用した写真は解像度が悪く、オリジナルのものではないと思われる。オリジナルはイギリスの古写真研究家テリー・ベネット氏の「Early Japanese Images」に取り上げられている。

島津久治の長崎訪問については「写真サロン」昭和10年12月号で、古写真研究家の松尾樹明が「写真秘史　島津珍彦写真考」として説明しており、写っている人物数名を明らかにしている。また、昭和43年刊行の「図録　維新と薩摩」には13名中11名の名前が上げられているが、西郷隆盛従道兄弟、樺山資紀、川村純義、東郷平八郎らは含まれていない。唯一、仁礼景範のみが当っていることには敬意を表したいが、他の既に知られた人名が間違いであると言える根拠を示すのが先決ではないか。解像度の悪い写真を用いたため、似てもいない右端の人物「床次正義」の顔を「フルベッキ写真」の「黒マント」の男と同一視している。ふたつの写真の撮影時期が近いというなら、両者は酷似していなければならない。「島津久治公一行」の写真に写っている

「床次正義」の家紋は西郷家の「菊」ではない。（加治将一「西郷の貌」の問題点
http://pro.cocolog-tcom.com/edu/2012/03/post-465b.html）

第五章

天皇のカメラマン・内田九一が残した暗号

大阪造幣寮前で撮影された「謎の一枚」

私が鹿児島市の「公益財団法人・西郷南洲顕彰会」を訪ねて、館長の高柳毅に肥後直熊の肖像画を見せてもらったのは二〇一二年の夏であった。

観光案内所で顕彰会の場所を訪ねてみると、応対してくれた男性から反問されてしまった。

「南洲顕彰会？　どこやろか、西郷さんに関係する施設は市内に結構ありますが、その顕彰会の住所はどこぞかね」

住所を教えると、「南洲神社の近くにある西郷南洲顕彰館のことやないかな」と返ってきた。地元でも「顕彰館」の名称のほうが通用するようだ。

ＪＲ鹿児島中央駅前には「若き薩摩の群像」と名づけられた十九人の英国留学生をモチーフにした巨大なモニュメントが建てられていた。この英国留学生は正規の留学生であり、前述の密航した六人の人物は紹介されていなかった。

ＪＲ鹿児島駅前からコミュニティーバスで約十五分。顕彰館は南洲墓地に隣接して建てられていた。

館長の高柳は「西郷研究」の第一人者と言われる人物で、前職は地元紙『南日本新聞』の記者である。高柳は取材の前に館内を案内してくれた。

館内には西郷隆盛に関係する写真、文書、文献資料が収集されており、正面玄関入口の壁面には巨大なキヨッソーネ画の西郷写真が掲げられていた。

館内を一巡したあと、早速、取材に入った。

肥後直熊の西郷の肖像画の表情が「西郷隆盛」に最も近似しているという高柳の話は第二章で紹介した通りである。

私が持参した資料に「明治天皇西国・九州巡幸」写真集のなかに収められた写真がある。撮影者は天皇の御用写真師として有名な前出の内田九一で、巡幸写真を七十枚以上撮影していた。

この巡幸写真は、明治五年（一八七二年）から明治十八年（一八八五年）にかけての明治天皇「六大巡幸」の最初の写真集で、西郷隆盛が近衛都督として出発から還幸まで供奉していた（西郷が天皇に供奉したのは西国・九州巡幸だけであった）。西国・九州巡幸の旅程はおおよそ次のようなものだった。

明治五年（一八七二年）五月二十三日、出発（海路）↓二十五日、鳥羽に入港↓二十六日、伊勢神宮参拝↓二十七日、大阪へ向けて出発（海路）↓二十八日、西本願寺に入る↓三十日、大阪を出発。伏見に上陸。京都御所へ入る（陸路）。六月

内田九一が撮影した「明治天皇西国巡幸」の大阪造幣寮を行幸した際の写真。写真の中央で隊列を指揮する三人の中央の人物……こちらに顔を向けている人物が、西郷なのか……写真左端に写る犬はいったい……(写真は『第一回明治天皇六大巡幸』より抜粋)

三日まで京都滞在↓四日、京都を発ち、大阪へ。大阪造幣寮に入る。大阪城内錬兵場、舎密局、開成学校などを訪れる↓七日、下関へ出発（海路）↓十日、下関に入る↓十三日、下関出発↓十四日、長崎到着。十七日まで滞在し、出島や長崎製鉄所などを視察→十八日、熊本着。二十日まで滞在し、鎮台兵営、熊本城などを視察する→鹿児島へ向けて出発（海路）→二十二日、鹿児島到着。七月二日まで滞在→四日、丸亀上陸→五日、崇徳・淳仁天皇陵を参拝→六日、神戸に向けて到着。十日まで滞在→十二日、横浜到着

写真は、天皇の御在所である大阪造幣寮前で撮影されたものである。

整列した近衛兵と三人の指揮官らしき人物が写っているもので、三人の人物のなかで中央に写る人物を西郷隆盛とみなす研究者もいる。写真向かって左端に犬が写りこんでいるが、これは偶然なのか、九一なりのユーモアなのか、それとも別の意味があるのか……。

「ピントが合っておらず顔がはっきりしませんね。それと、明治五年に撮影された写真ならば軍服の様式を調べればわかると思います。西郷さんはたしか、明治五年七月に〝陸軍元帥兼近衛都督〟に任ぜられていますから、指揮官の階級も調べれば、あの人物が西郷さんかどうかわかると思います。写されている洋犬はなんなんでしょうね？」

高柳の関心は指揮官よりも洋犬に向いていた。

私は前著『フルベッキ写真の正体　孝明天皇すり替え説の真相』で、明治天皇の写真の謎を追った。明治天皇の写真の印象がなぜ短期間で変化したのか。もしかすると、明治天皇の写真と西郷の写真は地下水脈で一本の線で繋がっていたのではないか。

前著で「フルベッキ群像写真」に写る大室寅之祐とされた青年と、明治天皇写真の比較鑑定を依頼した東京歯科大学の橋本正次教授にモンタージュ画像を依頼してみることを、私は考えていた。内田九一が撮影した写真と高柳によって初公開された肥後直熊の肖像画を組みあわせると、いかなる西郷像が浮き上がってくるのだろうか……。

二時間の取材を終えて館外に出ると外は相変わらず、強い日差しが照りつけていた。

西郷の墓碑。墓前からは線香の煙が絶えたことがないという

せっかくここまで来たので、隣の南洲墓地を詣でることにした。石段をあがると正面に西郷の高さ三メートルの墓石が建てられていた。観光客だろうか、線香

を焚き献花して墓前に手を合わせる女性がいた。話を聞くと西郷ファンで東京から来たという。写真について聞いてみた。

「顕彰館にキヨッソーネの大きな写真が掲げられていますね。西郷さんの写真でしょう。あれ、本物の西郷さんのお顔ですよね」

三十代と思しき女性はそう答えた。この女性に限らず、世間一般の認識はキヨッソーネの肖像画が西郷の素顔だと思っているはずだ。

維新政府が仕掛けた魔法ともいうべき策略は、今なお効力を発揮しつづけているのである。

墓石に彫られた西郷の戒名は『南洲寺殿威徳隆盛大居士』。

墓地には西南戦争で自決や戦死した士族のうち二〇二三人が葬られていた。桐野利秋、篠原国幹、村田新八、辺見十郎太、別府景長（晋介）、永山弥一郎（盛弘）などの西郷軍の幹部も埋葬されていた。西郷の墓前からは線香の煙が絶えたことがないそうだ。高台からは桜島が望めた。


あの人物は、はたして西郷なのか……

鹿児島の取材を終えると次は下関である。

この地は「西国・九州巡幸」で明治天皇が行幸した土地で、当時は「馬関《ばかん》」と呼ばれていた。

翌日、鹿児島を発つ日は桜島も噴煙がおさまり、市街地から稜線がくっきりと見渡せた。

初めて乗る九州新幹線は終着の博多を目指して快走する。

鹿児島中央から下関までは特急と各駅停車を乗り継いで二時間五十分の旅だった。

目的は市内にある寺を訪ねて、住職から話を聞くことである。

下関は関門海峡に向かって市街地が拓けた街である。目的の寺は、市街の背後地の高台に建てられており、市内でも著名な一寺であった。住職には東京を発つ前に取材の一報を入れていた。

「西郷さんは明治天皇の西国巡幸に一回だけ近衛兵を指揮して供奉しています。下関、当時は〝赤馬関〟と呼ばれていましたが、天皇さんが上陸したのは阿弥陀と呼ばれた地で明治五年六月十日でした。先々代の住職……つまり、わたしの祖父ですが、祖父からこんな話を聞かされたことがあるんです。それは当時の西端町の町年寄だった藤田家に西郷さんが泊まったそうです。そのとき家人の誰かが、西郷さんの顔を模写し、戦後も係累の人がその模写をもっていたそうです。祖父は当時は藤田家とつきあいがあったそうですが、残念ながら現在、当寺は藤田家とはご縁がないんです」

住職の話はこれがすべてであった。

西郷はたしかに住職が語るように明治五年（一八七二年）六月十日に、明治天皇に供奉して赤馬関に泊まっている。宿泊先は西端町の藤田甲一宅であった。

住職の口伝は真実なのかもしれないが、下関取材では残念ながら、「西郷の模写」に行き着くことはできなかった。市内に残る明治天皇の巡幸の記録は、当時御在所になった大年寄の伊藤助太夫の邸宅跡と阿弥陀寺に残る「本陣伊藤邸址」の碑だけであるようだ。

また、当初の予定では豪商の白石正一郎邸が御在所となっていたが、急遽「伊藤邸」に変更となっている。正一郎は維新の志士たちを援助した人物で「白石正一郎日記」を残していた。安政四年（一八五七年）十一月十二日の同日記には、西郷について次のように記している。

工藤左門入来同夜薩摩西郷吉兵衛米良何某工藤周旋ニテ来タリ各一宿翌

十三日夕方西郷吉兵衛米良乗船江戸へ往ク（工藤ハ滞在同十六日帰筑）

西郷は安政四年に下関にいたことが、この日記からわかる。

西郷の下関来訪は重要な使命があったはずだが、年譜（『歴史読本』昭和四十三年十一月号）にはなぜか、「十一月、斉彬の密命を帯びて江戸に出る」「前月には徒目付に抜擢されていた」と記されているだけである。

取材の足はさらに大阪へと向かった。

面談した相手は元大阪城天守閣学術主任を務めていた渡辺武である。

渡辺は現職時代、西郷写真に関心をもち、天守閣ホールで西郷隆盛展を開いていた御仁だ。

西宮の自宅からわざわざ大阪駅まで私に会いにきてくれた。取材は駅に隣接したホテルの喫茶ルームで行った。

「もう、三十年も昔になりますか。西郷さんに関係する資料展を大阪で初めて開いたんですが、大盛況でした。維新の英傑で断トツに人気のある西郷さんですから」

私は渡辺に問うてみた。西郷写真は存在しないと思うか、と。

「そんなことはない。今まで発見されていないだけでしょう。過去に発見され、騒がれた写真は、たとえば〝永山西郷〟や〝スイカ西郷〟もその後の調査で別人ということが判明したようですが、新説や発掘写真が出ることは研究者の励みになると思うんです。新発掘がなければ研究はそれ以上進まんでしょう。大胆な仮説でもいいんです。わたしも過去に〝スイカ西郷〟の人物比定で、〝根拠が薄弱〟などと、諸先生方から批判されたことがありますが、反論が出ることはいいことです。さらに研究が進化してゆくわけですから」

私は前出の高柳に見せた「大阪造幣寮の近衛兵」のコピー写真を渡辺にも見せて意見を聞いてみた。

「初めて目にする被写体ですね。内田九一が大阪で撮影したものですか？　三人のなかの中央が西郷さんですか……わたしには知識がないのでなんとも言えませんが、検証方法はありますね。それは明治の官制と軍服の歴史を調べて照合してみれば、答えが出ると思うんです。それにしても、九一が大阪でこんな写真を撮影していたなんて、驚きです。西郷さんには不思議な磁力があるんですね。肖像画や発掘写真が出るたびに世間が沸く。それは西郷さんが日本人の永遠のヒーローだからかもしれません」

日本人の永遠のヒーロー――西郷の真正写真が存在しないのではなくて、存在していながらも世に出ない理由がやはりあるのだろう。

西郷は明治維新の英傑であり、維新の最大の功労者でありながら、後に征韓論で政府と袂を分かち、最後は西南戦争で明治政府の賊臣として死んだ。政府にとって賊臣である西郷が永遠のヒーローであっては都合が悪いという事情は、容易に想像がつくだろう。

オフィシャル写真に紛れこんだ奇妙な一枚

帰京すると橋本教授に連絡をとり、肖像画（肥後直熊の描いた西郷の肖像画）と九一の大阪造幣寮前の写真の鑑定の件について相談をもちかけた。

「面白いテーマですね。西郷写真は一枚も存在しないとか……」

橋本教授は肖像画と写真の鑑定に興味を示し、鑑定を快諾してくれた。

さて、九一の写真だが、これは明治天皇が民衆の前に可視化された天皇像を印象づけるために、初の「西国・九州巡幸」を催行したときに撮影されたもので、大阪造幣寮の行幸もスケジュールに組みこまれていた。前述の通り、天皇は明治五年五月二十三日に東京を出発し、同年七月十二日に帰京という、一か月半にもおよぶ長期の巡幸を成功させていた。また、この巡幸には参議の西郷隆盛が近衛兵を引き連れて供奉していた。

　大阪造幣寮前の写真が撮影された日時は、天皇が造幣寮に到着した翌日の六月五日ではなかったのか。前日の天皇の動きは午前五時に京都御所を出発し、伏見から蒸気船で桂川、淀川と下り午後四時に御在所近くの淀川畔に到着している。

　当時の大阪の日没時間は午後七時前後であった。写真の人物（三人）の前に写った影から推定して、撮影された時間は昼間の時間帯と考えていいだろう。

　天皇が到着したのは午後七時。写真機は湿式写真機（ガラス版）を使っていたため、露光時間が長くなる。ということは、この写真が撮影されたのは六月五日とみて、間違いあるまい。

　ロケーションは前年に完成した「大阪造幣寮」の前で、集合した近衛兵と三人の指揮官らしき人物が写されている。私が関心をもった人物は、三人の中央に立つ横顔の人物である。前出の高柳、渡辺の指摘の通り、軍服の様式を調べれば、必然的にこの人物の階級や素性が明らかになるはずだ。

　ここで改めて九一が撮影した写真を検証してみることにする。

この写真のおかしな点は高柳も指摘した「犬」が写りこんでいることだ。九一は緊張しながら撮影したため、犬の存在には気づかなかったのだろうか。だが、プロの写真師として、その可能性はありえないだろう。

それよりも、この写真は天皇が御在所に使った泉布観（造幣寮の応接所）から出る前の、試し撮り写真ではなかったのかと、私は想像した。

そして洋犬は、造幣寮と泉布観を設計したお雇い外国人の建築家か、貨幣の鋳造技術を指導していた冶金技師の愛犬ではないのかとも推測した。当時、お雇い外国人の宿舎は造幣寮の近くにあったからだ。

この写真は「西国・九州巡幸」のオフィシャル写真である。天皇の巡幸の軌跡を写真として記録するという性格上、写真の扱いには慎重のうえに慎重を重ねたことは容易に想像がつく。

だとすれば、なぜこの写真がオフィシャル写真として選ばれたのか。

選別作業の段階でトリミングして、犬を消すことも可能だったはずだ。

さらに三人の指揮官のうち、中央の人物の顔がぶれている。

写りこんだ犬とぶれた顔……これらの写真の情報から私が推測したのは〝愛犬家〟として知られる「西郷」と「犬」の関係であった。

この写真に西郷が写っていることを九一は「犬」をヒントにして、伝えたかったのではないだろうか。

天皇の「西国・九州巡幸」は、一か月半におよんでいる。その間、西郷は天皇の近くに供奉していた。また、九一も写真師として同行していた。当然、九一は西郷の体躯や容貌を熟知していたことになる。〝西郷撮影〟のワンチャンスが、この大阪造幣寮前の〝試し撮り〟だったのではないだろうか。

九一の「西国・九州巡幸」写真の特徴は、巡幸の写真群のなかに主役とも言える明治天皇が写っているものが一枚もないことである。

写真は明治天皇が巡幸した場所の風景写真が中心であり、被写体として人が写っている写真は、わずかに四枚あるだけだ。

こうした状況を考えれば、大阪造幣寮前の写真の特異性はより明確となる。

つまり、被写体として人が写っている写真が四枚しかないのであれば、犬が写り、被写体の人物の顔がぶれている写真を、わざわざその四枚のうちの一枚に選ぶ必然性はない。

そう考えると、九一が大阪造幣寮前で撮影した写真に何かしらのメッセージをこめたというのは、けっして荒唐無稽な考えではないだろう。

軍服から検証したあの人物の素性

次は軍服からの検証である。

軍装と勲章の研究家として長年実績を残してきた平山晋と連絡を取ることができた。

「軍服」から人物の特定ができないものか、と平山に相談してみた。平山は学者肌で温厚な初老の紳士だった。

「この集合写真、九一が写したものですね」

持参したコピーを手に取ると、平山はこちらの説明を聞く前に「コピーの素性」を言い当てた。

「写真には陸軍将校、下士官、海軍兵部省出仕の兵科相当官の正衣を着した人物が写されています。隊列の左端の天皇旗を保持し、サーベルを吊った人物は将校（少尉）だと思います。前方の三人の人物、これは海軍将校で、手前の二人はダブルの正衣を着ている兵科将校です。帽子は兵部省海軍部のナポレオンタイプのものだと考えます。西郷もこのタイプの帽子を着用したこともあります」

平山は「天皇旗を保持し、サーベルを吊った人物は、少尉だと思います」と語ってくれたが、当時、大阪で発行されていた『大阪新聞』はこの様子を次のように報じた。

明治五年六月四日午後三時四十分、明治天皇は大阪造幣寮前桟橋を渡り、造幣寮に行幸なされました。この時西郷隆盛は錦旗を捧持し天皇を御先導申し上げた

平山は「天皇旗（錦旗）を保持し、サーベルを吊った人物は少尉」と鑑定している。写真に写る人物は小柄で幼顔である。大男の西郷の外見とは合致しない。したがって、この大阪新聞の記事のサーベルを吊った人物に関しては、おそらく風聞をもとに書かれたものだろうが、記事には天皇が「六月四日の午後三時四十分」に桟橋を渡ったと書かれており、記者は現場を目撃していたことは間違いあるまい。

『英傑たちの肖像写真』（渡辺出版）のなかで、石黒敬章はこの写真について次のように論じている。

内田九一撮影の大坂造幣寮前で近衛兵が整列した写真があるが、左端で錦旗を持つ男が西郷だとの説もどこかの地方新聞で報じられたりしている。西郷はこの御巡幸に随行していたので、そのような説も生まれたのであろう

天皇の行幸は一大イベントで、記者がスクープを狙っていたことは容易に想像がつくが、この記者の目は天皇よりも西郷隆盛に向いていたのであろうか。錦旗を奉じる旗手は「西郷」との先入観があったのではないか。

平山は三人の人物を兵部省の「海軍将校」と見立てた。しかし、この写真は明治五年六月に撮影されているので、兵部省はすでに存在しない。たぶん平山は時代を取り違えたのであろう。この時代、明治五年二月に「近衛条例」が制定されて、天皇を警護する近衛兵のトップである「近衛都督」が官制として正式に定められ、兵部大輔（次官）の山縣有朋が四月に初代都督に任ぜられている。

しかし、山縣は「山城屋事件」と呼ばれた公金無担保融資の嫌疑をかけられたことから、早期に職を辞し、次の都督には参議の西郷が任命された。近衛部隊は天皇の直隷で山縣が辞職したことにより、天皇の巡幸には西郷が供奉したのであ

る。近衛兵は「陸軍」の将兵から任じられるので、平山の「三人は海軍将校」であるという指摘には合点がいかなかった。その点を平山に再度確認してみた。

「明治の初期には海軍軍人のなかからも、近衛兵が選抜されていたはずなんです。三人の吊っているサーベルは海軍仕様のものなので、わたしの見立てでは海軍将

西郷隆盛着用の「陸軍大将」の正帽と正服（『日本の軍装』雄山閣より抜粋）。一見すれば、写真の人物が着用しているものと似ているようにも思えるが……

イラストは海軍少尉の軍服である。軍装研究者・平山によれば、写真の人物が着用しているのは、このタイプの軍服で、三人は海軍将校と推測した

校となってしまいます。それと、階級ですが、写真の人物の腕に縫いこまれた筋は、はっきりとしないので、残念ながら特定はできません」

私は、最後に「中央に写る人物が西郷隆盛か、別人なのか」を平山に質してみた。

「顔からは判別がつきませんが、西郷さんとは違うと思います。軍服から比定すれば海軍軍人なんです。しかし、西郷さんは〝陸軍〟ですから海軍の軍服を着用することはないはずですね。だとすれば、この人物は誰なんですかね……」

平山の見立てでは、三人の中央に写る人物は「西郷隆盛ではない」という結論となった。

フルベッキ群像写真との奇妙なリンク

「肖像画と写真」の鑑定を依頼していた橋本教授から「鑑定書が完成した」という連絡が入ったのは鹿児島、下関取材から帰って半月後の二〇一三年八月下旬であった。

「写真から意外な事実がわかってきました。詳しくは会ったときにお話ししましょう。二つの資料以外にフルベッキ写真も使った比較鑑定をしてみました」

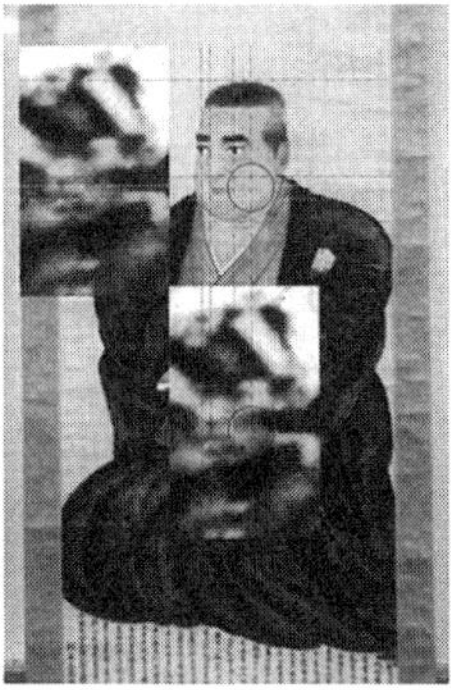

図3　資料1の検査対象人物と
資料2の西郷隆盛の肖像画の比較

図2　資料2の西郷隆盛の肖像画

本書282、283頁に掲載

約束の日、私は橋本教授の研究室を訪ねた。

まずは、内田九一が撮影した大阪造幣寮前の写真の人物と肥後直熊の肖像画の鑑定である。鑑定書には次のように記されていた。

資料1の写真（九一の写真）の検査対象人物と資料2（肖像画）の似顔絵の西郷隆盛は別人であると判断するのが妥当であろう。

残念ながら「別人」との鑑定が出た。

ところが、問題は橋本教授が電話で話した「意外な事実」にあった。

フルベッキ写真と大阪造幣寮前の

写真との比較鑑定で、興味深い鑑定結果が出たのである。

「フルベッキ写真に写るマント姿の人物と西郷の弟・従道の写真。それと似顔絵(肖像画)の三点と、九一の写真を比較してみました。すると、意外な結果が出たんです。それは、九一写真に写る三人の中央に立つ人物とフルベッキ写真のマント姿の人物が酷似しており、ほぼ同一人物であるという鑑定結果が出たんです」

鑑定書には次のように記されていた。


資料1(九一の写真)の検査対象人物及び資料2(肖像画)の西郷隆盛の似顔絵と、フルベッキの写真上の西郷隆盛と言われる人物及び西郷隆盛の弟である西郷従道の写真との比較に関する所見。

両者の比較において、鼻尖が前方に突き出た形状(矢印の1)や下唇が上唇に比して僅かに出ている形状(矢印の2)、幅の狭い顎先(矢印の3)、左頬骨部下方の顔面皮膚に見られる比較的深い窪み(矢印の4)、そして左口角の外側の膨らみ(矢印の5)などの特徴が矛盾なく一致、あるいは酷似しており、明らかな相違は認められない

図4　参考資料のフルベッキの写真と
西郷隆盛（1）、西郷従道（2）といわれる人物の拡大画像

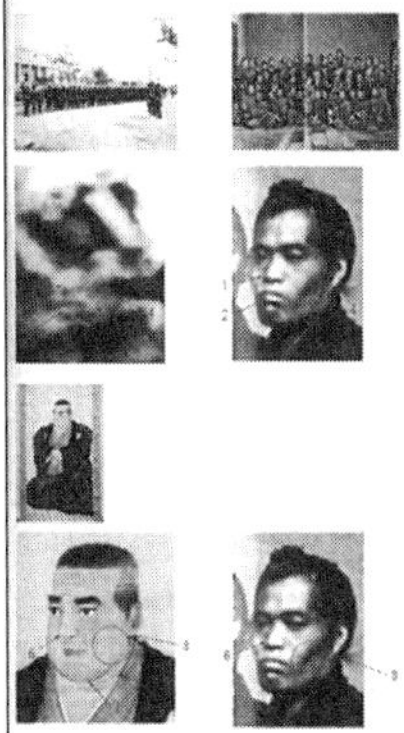

図6　資料1の写真及び資料2の似顔絵と参考資料のフルベッキの
写真上の西郷隆盛といわれる人物の写真の比較

橋本教授の鑑定書。内田九一の写真と肖像画の鑑定（本書二八四頁）、そして、フルベッキ写真のマント姿の男との鑑定（本書二八六頁）九一の写真と肖像画の人物は「別人」との結果が出たが、マント姿の男と九一の写真の人物は「ほぼ同一人物」との鑑定結果が出た……まったく別の写真が法医学でつながってしまった……

橋本教授は「フルベッキ群像写真」に写るマント姿の人物と、九一写真の人物が一致したという驚くべき鑑定結果を出したのである。

フルベッキ写真に写るマント姿の人物を「西郷隆盛」と比定したのは加治将一である。九一写真の軍人とマントの男が同一人物であるとなれば、西郷の真正の顔が、肖像画や銅像とはまるで違った人相であるという可能性が浮上したことになる。

もちろん、九一の写真に写る人物が西郷隆盛であるという確証もなければ、フルベッキ写真のマント姿の男も西郷隆盛であるという確証はない。あくまで「フルベッキ群像写真」と「九一写真」の人物とを比較検証したうえでの鑑定である。

しかし、まったく接点のない二枚の写真が、法医学によってリンクするという奇妙な偶然に私は興奮を覚えた。

この鑑定はまったくの偶然から生まれたものだった。

なぜなら、私の当初の狙いは、肖像画と西郷と目される人物が写る大阪造幣寮前の写真の鑑定であり、フルベッキ写真との比較は私の考えにはなかったからだ。

だが、フルベッキ写真を鑑定した経験をもつ橋本教授は、フルベッキ写真に写るマント姿の人物と大阪造幣寮前の写真に写る人物の相似を写真を見た段階で想定していたのだろう。

ところで、九一の写真が撮影されたのは前述のように私の推測では明治五年（一八七二年）六月五日で、フルベッキ写真が長崎の上野彦馬の写場（スタジオ）で撮影されたのは、慶応三年（一八六七年）から明治二年（一八六九年）の間と推定されている。

フルベッキ写真が撮影された当時の西郷の年齢は四十歳から四十二歳。それから数年後に西郷は明治天皇に供奉して、大阪で近衛兵を引き連れて天皇を奉迎していた。年齢は四十五歳である。

当時の西郷を描いた肖像画は「肥満体質」の体躯のものが大半であるが、フルベッキ写真や九一の写真に写るような、身長一メートル八十センチ、体重八十キロ超の引き締まった体躯が西郷の実像であったとしても、荒唐無稽な話ではないだろう。

むしろ当時の西郷の生活環境（食生活や政治活動で奔走）を考えるならば、肥満体質でなかった可能性もある。

西郷の体躯といえば西国・九州巡幸から帰京した明治六年（一八七三年）五月の体形について、渡邉幾治郎は『明治天皇』で次のように書いている。

西郷は平生全身が、肥満して疾走することが出来なかった。明治六年五月頃、これが最も甚だしく、遂に諸所に痛みを覚えるに至った。明治天皇は早くから彼の肥満はただの肥満ではなく、病的であらうと御案じになり、時の大学医学部の内科教師独逸人ドクトル、ホフマンを差遣して、これを診察せしめられた

診察したホフマンは西郷に肥満回復の処方として「毎日の散歩、脂肪の多い食

べ物の摂取を禁じ、カルルス塩を服用すること」を薦めた。

この時期の西郷は肥満に苦しめられていた。

カルルス塩とは硫酸ナトリウムと炭素水素ナトリウムが主成分の便秘薬である。

西郷は遠島の処分を受け奄美大島、徳之島、沖永良部島に配流されたとき、風土病のパンクロフト系状虫に感染して、フィラリア感染症を患ったといわれている。この病気は皮下組織が象のように硬くなる症状で、後年病気が再発して陰嚢が肥大化してしまったと、伝えられている。

ホフマンが西郷にカルルス塩を処方したのは明治六年五月で行幸から十か月後のことである。徐々に肥満症が進行していったと考えれば、明治五年の巡幸時の西郷は、いまだ引き締まった体躯であった可能性がある。

いずれにしろ、マント姿の男と九一撮影の人物が一致したことで、フルベッキ群像写真を改めて検証する必要性が生じた。

橋本教授のファインプレーとも言える今回の鑑定だったが、私はさらなる写真のミステリーの迷宮へと迷いこんでしまった。

第六章

西郷の実像と素顔

「西郷がいなければ、江戸城の無血開城も徳川家の存続もなかった」

勝海舟は西郷を評してこう言ったとされるが、はたして、西郷隆盛はいかなる人物だったのだろうか。

天を敬い人を愛する——西郷を表現するフレーズとして「敬天愛人」が広く知られてはいるが、第一章でも触れたように征韓論と西南戦争という、どちらかと言えば、マイナスのイメージがつきまとっているという現実がある。

本章では、西郷隆盛という人物の実像に迫ってみたいと思う。

まずは、西郷の経歴をその生い立ちからトレースしてみる。

東京港区にある西郷と勝海舟の会見の地。勝は西郷を高く評価していたという

西郷の「先進性」と「国際性」のルーツ

文政十年（一八二七年）十二月七日、西郷は、鹿児島・加治屋町で薩摩藩の下級藩士である父・吉兵衛、母・政子（満佐子）の長男として生まれた。

幼名は小吉、通称は吉之介、善兵衛、吉兵衛、吉之助と順次変え、明治になってから「隆盛」に改めている。号は南洲《なんしゅう》として知られている。

明治以前の薩摩藩における郷中教育は十五歳以下が「稚児組」、十五歳以上が「二才組《ニセ》」にわけられていた。

西郷はこうした環境のなかで学問を習うわけだが、その学問とは、形而上学的な教えではなく、有馬一郎、大久保利通の父親・大久保利世（大久保次右衛門）、薩摩藩主・島津斉彬《なりあきら》の側近だった関広国（関勇助）などが教えた、プラグマティズム思想であり、要は〝現実世界を認識しろ〟という実利主義の学問であった。

なかでも有馬一郎は西郷の才能を大きく開花させた人物とされている。

有馬は、西郷に国内事情はもちろんのこと、ポルトガル、スペイン、オランダ、イギリス、フランス、ロシア、アメリカなどの欧米列強の海外事情を詳細に話して聞かせた。

当時、世界の大勢に明るい人物はそういたわけではない。少年期の西郷にとって、有馬に師事したことは、西郷の人間形成に多大なる影響を与えた。

第一章で触れた『西郷隆盛と明治維新』において、著者・坂野潤治が西郷の「先進性」と「国際性」を説いているが、西郷の先進性と国際性は有馬という人物の媒介なくしては育まれなかったかもしれない。

こうした西郷の精神的なバックボーンが勝海舟や坂本龍馬といった、一癖も二癖もある人物とも語りあうことを可能にした。西郷のマイナスイメージとして定着している感がある「征韓論」にしても、実態は「侵略」ではなく、国際性に鑑みた外交を企図したものだったとみることもできる。

藩主・島津斉彬と西郷

西郷は十七歳のとき、郡奉行の下で働く「郡方書役助《こおりかたかきやくたすく》」という役職についた。郡方書役助は、役所の農政部門の事務官の補助といった役目である。給料は四石、西郷が最初に仕えた郡奉行は迫田太次右衛門《さこだたじうえもん》だった。迫田は学問に優れていただけでなく、気骨ある人物だった。迫田は、つねに農民などの庶民の側にたって事を処する人物であり、凶作のとき、「年貢に手心を加えるな」と上司から言われたため、「そんなことができるか」と郡奉行をあっさり辞めてしまった。

当時の役人を皮肉った迫田の次のような歌が残されている。

虫よ虫よ、いつふし草の根を断つな、
断たばおのれも共に枯れなん

ここで言う「虫」は役人を指し、「いつふし草」とは本来は稲を意味するが、税に苦しむ農民を指している。

つまり、この歌は、農民に過酷な夫役や税を課すれば、収穫は少なくなり、結果として藩ともども困窮してしまうということを風刺しており、藩の根幹は農民であるという迫田の考えが如実に表れているといえよう。

こうした郡奉行の下で働いた西郷は、迫田の影響を受け、農政に対する意見書をたびたび藩に提出し、一説には、このことが藩主・島津斉彬《なりあきら》の目にとまるきっかけともなったと言われる。

こうしてみると、西郷の人間形成のプロセスにおいて、じつに多くの魅力的な人物が西郷の前に現れ、西郷は彼らの思想から多くの影響を受けたことがわかる。

安政元年（一八五四年）、藩主・島津斉彬に見いだされた西郷は、いよいよ江戸に行くこととなる。二十七歳のときである。

江戸に出た西郷に対して斉彬は「御庭方役」を命ずる。今で言えば、「諜報工作員」であろうか。

当代一の開明派大名として知られていた斉彬から直接教えを受け、またこの当時、西郷は水戸藩の国学者・藤田東湖や越前福井藩士の橋本佐内といった人物とも交流している。

西郷の当時の大きな仕事として、斉彬の養女・篤姫の十三代将軍・徳川家定への輿入れがあった。

篤姫の十三代将軍・徳川家定への輿入れが決まったのが、嘉永四年（一八五一年）。実際の輿入れは、安政三年（一八五六年）であり、その間にペリーの来航、江戸大地震などがあり、足掛け六年も輿入れは待たされた。

斉彬は、自分が最も信頼する西郷に篤姫の輿入れに関する一切を仕切らせた。西郷もそれに応え、実直に務めを果たした。

西郷の才能を見いだし、積極的に登用した薩摩藩主・島津斉彬。斉彬の死は、西郷にとっても薩摩にとってもあまりにも大きな痛手だった

篤姫が家定の御台所（江戸幕府将軍の正室）となってからも、斉彬の使いで、たびたび江戸城に登城し、斉彬の手紙や大奥に対する土産物などを届けたとされる。

だが、突如として西郷に悲劇が襲いかかった。

安政五年（一八五八年）七月、鹿児島の天保山で藩兵の訓練の指揮をとっていた斉彬が、病に倒れ、この世を去った。

死因は赤痢やコレラとも言われ、また毒殺説なども囁かれたが、いまだ不明である。享年五十。西郷は斉彬の訃報を京都で聞いた。

斉彬によって見いだされ、その寵愛を受けた西郷にとって、斉彬の死はあまりにも衝撃だった。訃報を聞いた西郷は殉死しようとするも、説得され、斉彬の遺志を継ぐ決意をする。

斉彬は死の間際、弟・久光の子である忠義が跡を継ぐようにと遺言し、藩主には忠義が就き、久光は後見人となった。しかし、久光は何かにつけて藩主・忠義を差し置いて藩主のごとき振る舞いをし、藩の実権は久光が握っていた。

前途を悲観して入水

安政五年五月――斉彬がこの世を去る三か月前の四月、大老に井伊直弼が就任した。

井伊は同年六月に日米修好通商条約に調印し、さらに篤姫の夫君である徳川家定の後継者として、紀州家の徳川家茂を選び新将軍に据えた。

これに対して一橋家の徳川慶喜擁立派は、朝廷を巻きこんで猛烈に反対した。薩摩藩は水戸藩とともに慶喜擁立派で、斉彬は生前、篤姫にもそのことを内々に含ませて大奥に送りこんだという経緯があった。

しかし、井伊の大老就任によって事態は急転回した。

朝廷までも巻きこんだ政治関与に対して、井伊は態度を硬化させ、一橋派への弾圧と粛清に乗りだした。

七月、徳川斉昭（水戸藩主）に対して不時登城を理由に謹慎、松平慶永（越前福井藩主）に対して謹慎・隠居、徳川慶喜に対して登城禁止を命じた。後にこの事態は「安政の大獄」という歴史的な粛清劇へと発展する。

慶喜擁立派と朝廷との仲介役をしていた京都清水寺成就院住職・月照《げっしょう》の身辺に危険が迫っていた。井伊直弼は月照を一橋派との関係から「危険人物」と見なしていた。

月照は西郷と親交があり、斉彬の訃報を聞いて殉死しようとする西郷を止めたのも月照とされている。

月照の身の危険を感じた近衛家は西郷を招いて月照の保護を依頼。西郷は月照を薩摩に連れて帰ることにし、伏見で有村俊斎に月照を託した。

西郷自身も藩主斉彬亡き後の薩摩の様子を窺うため、月照より一足先に薩摩入りした。十月十六日のことだった。有村に託されていた月照も十一月十一日には鹿児島にやってきた。

斉彬亡き後の薩摩藩の実権は藩主・忠義ではなく、忠義の父親・久光が握っていた。久光と西郷はお由羅《ゆら》騒動（薩摩藩のお家騒動。藩主・島津斉興の後継者として久光を推す一派と斉彬を推す一派の対立）以来、何かと対立してきた経緯があり、月照の潜伏問題も西郷の思うようにはいかなかった。

幕府の追及を恐れた薩摩藩は月照の受け入れを拒否しただけでなく、月照を日向へ追放する手はずを整えていた（西郷には道中で月照を切り捨てよとの命が下されていたとの説もある）。

日向の法華獄寺行きという名目で、西郷と月照らを乗せた船は、十一月十六日夜半、鹿児島を後にした。

西郷は前途を悲観し、入水するしかないと覚悟を決めていた。

十六日夜半、船が錦江湾の竜ヶ水沖に差し掛かったところで、西郷は月照を抱くようにして入水した。

驚いた藩吏たちによって引き揚げられた二人だったが、西郷は運よく蘇生するも、月照は帰らぬ人となった。

月照は次のような辞世の句を残している。

曇りなき　こころの月も　さつま潟
沖の波間にやがて入りぬる

大君のために は　なにかをしからん
さつまのせとに　身をはしづむとも

享年四十六。この辞世の句からは月照が自身の行く末を予見していたことが読み取れる。

島妻・愛加那との出会い

運良く蘇生した西郷だったが、回復までには約一か月を要した。

回復した西郷は名を「菊池源吾」と改めた。幕府の目から隠すため、藩命によって西郷は奄美大島に潜居させられることとなった。形式上は「遠島《えんとう》」（流罪）であった。

十二月末、西郷を乗せた福徳丸は山川港を出発し、年が明けた安政六年（一八五九年）一月十二日、奄美大島の「龍郷村」阿丹崎に到着した。西郷、三十二歳のときである。

西郷の処遇は「遠島」であったが、あくまでもこれは幕府の手前「流人」として処しているだけであって、実際には捨扶持年六石を支給されていた。

さらに薩摩からは日用品も送られていたとされ、生活に困るようなことはなく、大久保利通などとの文通も認められていた。

龍郷に着いた当初は、美玉新行の家を借り自炊していたとされるが、巨漢の西郷を見て、島の人間たちは怖がっていたという。しかし、西郷の人となりがわかるにつれ、島の人間たちも徐々に打ち解けたという。

島の名家・龍家の次男である龍佐民氏が西郷に感じ入り、西郷と親交を深めた。龍佐民氏は何かと西郷の面倒をみるようになり、西郷は龍佐民氏の子供たちにも学問を教えるようになった。

こうして島民に受け入れられるようになった西郷に「島妻《あんご》」を娶る話が持ち上がる。相手は龍佐民氏の縁戚にあたる龍佐栄氏の娘・愛加那《あいがな》だった。

西郷と結婚した愛加那（本名・龍愛子）。西郷に帰藩命令が出た後は、島妻制度のため島に残らなければならなかった（写真は『薩摩史談』青屋昌興・南方新社より抜粋）

ただ、西郷は当初この話を断りつづけたという。なぜなら、当時の薩摩藩の藩法で「島妻制度」が定められており、正式に結婚したとしても、薩摩に戻るときは島妻は連れて帰れなかった。藩法では、島妻はあくまでも一時的な現地妻という存在でしかなかったのである。

だが、西郷は龍佐民氏の薦めを断りつづけることができず、愛加那を島妻として娶る決心をした。

西郷が龍郷に来てから十か月が経過していた。西郷、三十二歳、愛加那は二十三歳であった。

愛加那は西郷に帰藩命令が下される文久二年（一八六二年）までの二年の間に、一男一女をもうけた。長男・菊次郎、長女・菊子（菊草）である。

愛加那は島妻制度の藩法のため、龍郷を離れることはなかった。

長男・菊次郎は九歳のときに西郷家に引き取られた。海外留学を経験し、後に西南戦争に従軍し負傷。しかし、西郷の弟・従道の引き立てで、台湾の支庁長や京都の二代目市長などを歴任する。

長女・菊子は愛加那のもとで育てられたが、十四歳となった明治八年（一八七五年）に西郷家に引き取られ、後に大山巌の弟・大山誠之助のもとに嫁いだ。

龍郷に残り、西郷と二人の子供と離ればなれとなった愛加那は、明治三十五年（一九〇二年）、畑仕事の最中に倒れ、帰らぬ人となった。享年六十五であった。

歴史の波に飲みこまれた薩摩が生んだ二人の元勲

ここまで西郷の経歴を駆け足で追ってきたが、なんといっても西郷の実像を最も歪めていると思しき要因は、やはり西郷を征韓論者とみなす定説であろう。

ここで改めて、西郷と征韓論について考察したい。

「韓国征伐すべし」という征韓論者であった西郷が、その主張が受け入れられず、野に下ったというのが、いまなお定説とされている節がある。

だが、西郷は征韓論者ではなかったという状況証拠は数多く存在する。

西郷は、明治政府に宛てた「朝鮮御交際之儀」という上申書で、「いきなり朝鮮に日本の軍隊を送りこんで相手国に対して無礼である。まずは自分が使節として朝鮮に出向きたい」旨のことを書いている。

西郷が下野するまでの経緯を簡単に整理しておく。

岩倉具視を特命全権大使とし、副使・木戸孝允、大久保利通、伊藤博文らが横浜から欧米へ出発した後の留守を預かったのは、三条実美と西郷だった。

岩倉遣欧使節団が出発した明治四年（一八七一年）十一月から帰国する明治六年（一八七三年）九月までの約二年もの間に、留守政府は太陽暦の採用、地租改正条例の布告、陸軍省・海軍省の設置など国家にとって重要な基本政策を立案した。

このように数々の政策を施行した留守政府だが、問題を抱えていた。それが、一向に進展のきざしがみえないままだった対朝鮮問題だった。

対朝鮮問題の発端は国書受け取り拒否にあった。

明治元年（一八六八年）、かねてから国交のあった李氏朝鮮政府に対して、維新政府は新政権樹立の通告と国際関係の樹立を求める国書を携えた使者を送った。

しかし、当時の李氏朝鮮は儒教の復興と攘夷を国是とする大院君（在位・一八六四年〜一八七三年）が政権を掌握していた。

その後も維新政府は国書を何度も送るも、朝鮮側はそのつど国書の受け取りを拒否した。

こうした事情から日本国内では「朝鮮討つべし」との論調もみられ、交戦も辞さない派遣問題へと発展した。

この情勢に対し、西郷は「兵隊を出す前に、全権使節を派遣して交渉すべき」と主張。太政大臣・三条は「使節団は護衛兵を率いて、軍艦に乗って行くべき」と中間的な案を出した。しかし、西郷は三条案に反対し、「使節団は平和に徹すべきで、武装しないで礼節をもって交渉すべき」と力説し、「使節は自分が引き受ける」と説いた。

明治六年（一八七三年）八月十七日、閣議で西郷を朝鮮に使節として派遣することが決定され、天皇の裁可も取った。ただし、発令は使節団の帰国後に持ち越された。

九月十四日、閣議が開かれ、帰国した大久保は、「国内産業を興して国力の充実をはかるべき」と内地優先論を説き、西郷と対立。十五日の閣議で使節団派遣が決定したものの、これを不服とする大久保、大隈重信、岩倉具視、木戸孝允らは辞表を提出した。

大久保らの辞表提出という事態を憂慮した三条は急病となり、三条に代わって岩倉が太政大臣代行となった。

西郷らは岩倉のもとを訪れ、閣議決定の上奏裁可を求めるも、岩倉がこれを拒否したことで、使節団派遣の閣議決定はひっくり返された。

これを受けて、西郷は陸軍大将兼参議・近衛都督を辞し、位階も返上する旨を上奏。

一方の岩倉は西郷派遣延期の意見書を天皇に提出し、天皇が岩倉の意見を受け入れ、西郷派遣を無期延期にするとの勅許を出した。

その結果「明治六年政変」が起きた。この政変の首謀者は岩倉太政大臣代行と言われており、目的は天皇の名を借りて西郷一派を政府から放逐する策謀であった。そしてこの政変により西郷は辞職し、板垣退助、副島種臣、後藤象二郎、江藤新平らの参議も西郷に同調して辞職してしまったのである。

こうして明治維新政府を去った西郷だが、一方で政府で実権を握ったのが、大久保である。ここで薩摩が生んだ明治の二人の元勲の明暗ははっきりとわかれた。

西郷下野までの経過を俯瞰してみれば、一連の流れは、西郷一派を追いだすために大久保が仕組んだ芝居とみることもできる。

下野した西郷は西南戦争という破滅の道を進み、維新政府で警察機構まで手中に収めた大久保は独裁体制を強固なものとしていく。

だが、その大久保も西南戦争の翌年の明治十一年（一八七八年）五月十四日、「紀尾井坂の変」で暗殺されるという悲運が待ち受けていた。享年四十九。この「紀尾井坂の変」には、西郷の首級を発見したといわれる政府軍の千田《せんだ》登文《のりぶみ》の幼友達が、襲撃の同志の一人として参加していた。これも、歴史の皮肉と言えまいか。こうして、

鹿児島県城山町にある西郷の終焉の地（写真・上）と東京・紀尾井坂近くの清水谷公園にある「大久保公哀悼碑」。薩摩が生んだ二人の傑物は道半ばで激動の時代の波に飲みこまれてしまった

薩摩が生んだ二人の傑物は道半ばで激動の時代の波に飲みこまれてしまったのである。

賊軍の将という汚名

西郷と大久保に対する評価の違いは、鹿児島県内においても今なお顕著である。
西郷が鹿児島県民から「セゴドン」と慕われるのに対して、大久保は西郷ほど親しまれていない。

そして、西郷という人間に対する人々の思いは、西郷の号である「南洲」を冠した神社の存在が雄弁に物語っているといえるかもしれない。
西郷を祀った神社を「南洲神社」と呼ぶが、南洲神社は西郷の出身地である鹿児島だけにあるわけではない。西郷が島流しにあった沖永良部島、宮崎県都城市、そして、鹿児島から遠く離れた山形県酒田市にもある。

山形は旧庄内藩であり、戊辰戦争時は敵軍であった。敵軍の地になぜ西郷が祀られた神社があるのか。

慶応四年（一八六八年）の戊辰戦争のとき、庄内藩は会津藩とともに奥羽越列藩同盟の中心勢力だった。

最新の兵器によって当初は明治政府軍を圧倒していたが、政府軍が最新兵器で武装した佐賀藩を援軍として投入したことで形成が逆転し、米沢藩、会津藩が降伏したため、庄内藩も降伏。新政府の勝利によって戦争は幕を閉じた。

戊辰戦争後、隣の会津藩は解体され、藩主・松平容保は禁固刑となったことから、同等の処置が下されるものと庄内藩の武士たちは覚悟していた。

総指揮は黒田清隆で、黒田は戦後処理については寛大な処理をするようにと西郷から指示されていた。

終戦直後、庄内藩の人々は黒田自身が寛大な処置をしたものと思っていたが、それが西郷の指示であったことを後に知ることとなる。

人々は西郷に感謝し、庄内藩で西郷は敬愛の対象となった。明治初期には薩摩に留学生を送り出し、教えを請い、西郷から教えられた言葉を「南洲翁遺訓」として編纂した。

しかし、すぐには出版できなかった。それは、西南戦争で西郷が賊軍の大将とされていたからである。

だが、明治二十二年（一八八九年）二月十一日、大日本帝国憲法が発布され、明治天皇の特赦によって西郷は賊軍の大将という汚名を取り除かれた。剥奪された官位も戻され、西郷の名誉が回復されたのである。この特赦には、勝海舟の建言があったとされる。

この時期を見計らって、庄内の藩士たちは、「南洲翁遺訓」の発行に踏み切った。

ところが、当時の警視総監は、発行責任者である赤沢源也を呼びつけ、内容の訂正を申し渡した。赤沢は警視総監の訂正の申し渡しを断固拒否し、紆余曲折の末、「南洲翁遺訓」は一言一句変更のないまま日の目を見ることとなったのである。

明治二十三年（一八九〇年）一月のことであった。

西郷の没後から十三年の時を経て、西郷の教えが世に出されたのである。

西郷の偉業と曲解された実像

西郷の実像がいかにして歪められ、そしてその歪められた実像が定説として語り継がれ、いまなお一定の効力を発揮している現実はとりもなおさず、西郷の写真が〝消された〟ことと密接にリンクしていると私は考えている。

西郷の維新における偉業は「廃藩置県」であった。

廃藩置県が実施されなければ、明治維新は倒幕という事実としての評価しかされなかった可能性がある。

西郷は江戸城を無血開城し、さらに廃藩置県という偉業を成し遂げたのである。

福沢諭吉は西郷の成し遂げた偉業を『丁丑公論』で次のように記している。

廢藩置縣の大義にも與りて大に力ありしは、世人の普く知る所ならずや。廢藩は時勢の然らしむるものとは雖も、當時、若し西郷の一諾なくんば、此大學も容易に成を期すべからざるや明なり

西郷が賛成しなければ廃藩置県という大改革は、成功しなかったと福沢諭吉は説いているのである。

英雄の功績は賊軍の将の汚名とともに抹殺しなければならない。そして、その写真も抹殺された――私はそう考えている。

西郷を高く評価していた福沢諭吉。西郷の偉業を称えた『丁丑公論』における文章は、福沢の死の直前になって『時事新報』に発表された

第七章

西郷と明治天皇、そして禁断の写真の真実

明治天皇と西郷の特別な関係

西郷隆盛と明治天皇の特別な関係については、数々の文献や資料から推察できる。

西郷と天皇が身近に接した期間は、明治四年（一八七一年）から明治六年（一八七三年）までのわずか二年間ほどでしかない。

にもかかわらず、明治天皇に最も影響を与えた人物の筆頭として、西郷隆盛の名が挙げられるのはなぜなのか。

それは明治四年に西郷が中心となって行なわれた「宮中改革」と無縁ではないだろう。

近代国家・日本の発展は、その日本を象徴する存在である天皇の大成なくしては、成立し得なかった。御所が江戸に移って以降も、宮中は公家や女官が仕切る旧態依然とした旧習を堅持しており、その伝統を一新すべく、側近として武士を仕えさせようと西郷は考えた。

この改革で側近として仕えたのが、吉井友実、村田新八、山岡鉄舟、高島鞆之助といった幕末から戊辰戦争にかけて活躍した〝豪の者〟たちであった。

また天皇に学問を進講する侍講《じこう》には、熊本藩士で儒学者の元田永孚《ながさね》が登用された。

西郷は明治五年（一八七二年）五月二十三日からはじまった天皇の「西国・九州巡幸」に近衛兵を統率して供奉し、天皇と濃密な時間を過ごした。多感な二十代の青年であった天皇が、西郷という人間に魅せられ、傾倒していったであろうことは容易に想像できる。

西郷が下野し、西南戦争で賊軍の大将として明治政府に反旗を翻して、死んだ後も明治天皇の西郷に対する思いは変わらなかったとされる。

渡邉幾治郎の『明治天皇の聖徳』（千倉書房）を引用する。

明治十年秋の頃であった。或る日皇后や女官等に西郷隆盛という題を賜うて和歌を詠じさせた。西郷の罪過を誹らないで詠ぜよ、唯今回の暴挙のみを論ずるときは、維新の大功を蔽うことになるから注意せよ、と仰せられた

天皇も西郷の和歌をはたして詠んだのであろうか。

明治十七年（一八八四年）、天皇は西郷の嫡男・寅太郎（母は糸子）に学費として年間千二百円を下賜され、ドイツ留学を命じた。寅太郎はドイツで十三年間学んだ後に帰国し、陸軍戸山学校射撃科を経て明治二十五年（一八九二年）、陸軍少尉に任じ

られた。

また、西南戦争後、島妻・愛加那との間の息子・菊次郎を外務省御用掛に任じられた。菊次郎は後に台北県支庁長、宜蘭庁長に就任し、日本に帰国後、京都市長を務めた。

こうした明治天皇の西郷の息子たちへの配慮は、明らかに西郷への特別な思いがさせたことだろう。しかも、まだこのとき、西郷の賊軍の将の汚名は晴れていない。西郷の汚名が晴らされるのは、大日本帝国憲法発布の明治二十二年（一八八九年）の二月十一日の大赦によってである。

明治天皇の西郷に対する深く特別な思いは、ここまで紹介した数々のエピソードが雄弁に物語っている。だが、私は二人の関係の深遠には、違う何かがあったのではないかと考えている。

大宅壮一の『実録・天皇記』（大和書房）には次のような記述がある。


明治の新政府が出来て間もなく、十六歳の少年天皇が、わがままをして〝元勲〟たちのいうことをきかないと、西郷隆盛は「そんなことではまた昔の身分にかえしますぞ」といって叱りつけた。すると天皇はたちまちおとなしくなったという話が伝えられている。

この記述は伝聞情報なのか、文献に残されているものなのか、大宅はソースを明示していないが、「十六歳の少年天皇」とあることから、明治元年から明治二年ごろの出来事と思われる。それにしても、西郷が明治天皇に対して発した言葉として大宅が記している「昔の身分」とは、はたしていかなる意味なのか。

西郷と明治天皇は〝禁断の秘密〟を共有していたのではないだろうか――そんな想像を私に抱かせるきっかけとなったのは、前述した明治天皇の〝パパラッチ写真〟の存在であった。

〝パパラッチ〟された明治天皇

江戸幕府が造った東京越中島の「講武所附縦隊調練所」跡地に、新政府は新たに「越中島練兵所」を新設して御親兵の教練所とした。

そして最初の練兵訓練が行なわれた明治三年（一八七〇年）九月八日、明治天皇は教練を見学するために行幸した。

東京奠都《てんと》で初めて天皇が民衆の前に姿を現した行幸がこのときだった。

［写真①］スティルフリードが、明治天皇の横須賀造船所の行幸を盗撮した一枚（『PHOTOGRAPHY IN JAPAN 1853-1912』より抜粋）。中央の白い和装に身を包んでいるのが明治天皇である

そして、翌明治四年（一八七一年）十一月二十二日、明治天皇は、浜離宮から御召艦（天皇や皇族が座乗する艦）に乗って二回目の行幸をしている。訪問地はフランスの技術で造られた横須賀造船所であった。

そして、この横須賀行幸で事件は起きた。

行幸先の造船所構内で休息している天皇一行が〝パパラッチ〟されたのである。

写真を撮ったのはオーストリア人のライムント・F・スティルフリードであった。

スティルフリードは、一八三九年八月、オーストリアハンガリー帝国のバロンの家柄に生まれた。元々は画家を志望していたとされるが、明治二年（一八六九年）、オーストリア艦隊に随行する形で日本を訪れ（これ以前にも日本を訪れている）、明治四年に横浜で写真館を開いた。その後スティルフリードは日本各地を撮影し、彼の彩色写真は評判を呼んだ。

そのスティルフリードがパパラッチした写真［写真①］には、和装姿の天皇と二十三人の男たちが写っている。

写真に写る天皇の容姿は、禁裏御所で生活していた時代の女御《にょうご》を思わせる、ふっくらした体躯の和装姿である。

［写真②］パパラッチ写真の二年後の明治六年（一八七三年）十月に内田九一によって撮影された、洋装軍服姿の明治天皇のバストショット写真（『英傑たちの肖像写真』より抜粋）。写真①と比較すると印象は大きく変化しているようにも見えるが……

宮中改革がなされる前のこの時代、天皇の宮廷生活は維新前と変わらず身の回りを世話するのは女官たちであり、天皇は伝統に則って薄化粧もしていた。天皇が断髪したのは明治六年（一八七三年）三月で、以前は髷も結っていた。

だが、このパパラッチ写真が撮影された二年後、天皇の写真師となった内田九一によって撮影された天皇の半身像［写真②］を見ればわかるように、この写真に写る天皇はきりっとした力強い顔立ちであり、パパラッチ写真とは異質の、別人を思わせる表情に変わっている。

食生活が洋風に変化したとはいえ、わずか二年でこれほど容姿は変わるものなのか。何か理由があるのではないか。

歴史的瞬間はなぜ写真に記録されなかったのか

私は、明治天皇が描かれた錦絵（色刷りの版画）と絵画をまず探すことから始めた。パパラッチ写真とはアングルは異なるものの、意外とその数は多かった。

祐宮《さちのみや》（明治天皇の御称号）が睦仁親王として践祚《せんそ》したのが、慶応三年（一八六七年）一月九日、満十四歳のときである。

この践祚の儀式は京都御所で行なわれ、儀式の模様は絵画［写真③］に描かれている。

[写真③] 慶応三年(一八六七年)一月、京都御所での践祚の様子。(明治神宮監修・米田雄介編『明治天皇とその時代 『明治天皇紀附図』を読む』吉川弘文館、二〇一二年より)

明治天皇が絵画に描かれたのは、この作品が嚆矢ではないかと思われる。

天皇が世に可視化され、民衆の前に初めて姿を現したのは、十五歳のときで、王政復古の大号令が発せられた慶応三年(一八六八年)十二月二十七日。場所は禁裏御所の内講を固める、六つの門の東側に立つ建春門の外であった。

当日は薩摩、長州、土佐、芸州(広島)の四藩の藩兵が行なう兵事訓練を親閲することが目的で、このデモンストレーションは明治天皇が御所の外に出て民衆(兵士)に接した歴史的瞬間であった。

しかし、親閲の様子を描いた絵画

や錦絵は存在しておらず、もちろん写真も存在していないが、当時の天皇の容姿を窺い知ることができる記録は残されている。

践祚の翌年、明治元年（一八六八年）三月二十六日、英国公使ハリー・パークスの通訳として天皇に謁見したA・B・ミッドフォードが天皇の容姿を次のように記している。

眉は剃られて額の上により高く描かれていた。頰には紅をさし、唇は赤と金に塗られ歯はお歯黒で染められていた

（『英国外交官の見た幕末維新・リーズデイル卿回想録』訳・長岡洋三／講談社）

天皇はパークスとミッドフォードの二人と会うときは、天蓋《てんがい》の中にいた。謁見した時間は午後、天候は雨で謁見の間には陽も差していない。灯りは蝋燭の火だけであったはずだ。同書は次のような記述が続く。

天蓋の下には若い天皇が高い椅子に座るというより、むしろ凭れていた

天皇はこのとき満十六歳になったばかりであった。
このときの天皇の容姿と三年後の横須賀のパパラッチ写真に写された天皇の容姿を比較してみると、ミッドフォードの記述は、天皇の実像を余すことなく伝えているように思える。

西郷と「マント姿の男」、そして、明治天皇の「ニセ写真」

明治天皇が皇城（東京）の外に出て民衆の前に正式に姿を現したのは「六大巡幸」のときからで、最初の巡幸は明治五年（一八七二）五月二十三日から始まった「西国・九州巡幸」（京都・大坂・三重・山口・長崎・熊本・鹿児島・兵庫）である。横須賀造船所の行幸から五か月後のことであった。

このときの巡幸には供奉員として参議の西郷隆盛が近衛兵を統率していた。着用していた軍服は前年に制定された陸軍大将の正衣である。西郷が描かれている下絵［写真④］がある。この下絵は明治神宮宝物館に収蔵されているが、西郷の面相はなんとも武張ったものである。

この下絵は、鹿児島巡幸時の西郷を描いたものであるようだが、前出の西郷に最も近いとされる肖像画などと比較してみても、「眼」と「口元」は西郷の特徴をしっ

［写真④］明治天皇四国西国巡幸鹿児島城入城に供奉する西郷隆盛の下絵（明治神宮宝物館蔵）。この下絵の西郷の眼と口元は非常に特徴的だ

かりと表現している。この下絵を描いた作者は至近距離で西郷を実見したのではないだろうか。

特徴といえば「フルベッキ群像写真」に写る「マント姿の男」も西郷の特徴を映し出しているようで、前述したように、このマント姿の男を最初に西郷と比定したのは肖像画家・島田隆資である。島田は『日本歴史』（一九七四年一月号、七六年一月号）でマント姿の男を西郷と鑑定した方法を次のように論じている。

西郷隆盛の顔の特徴
①首が長いこと。
②ちぢれっ毛であること。
③がっしりとした体格で長身であること。
④二重マブタでどんぐり眼であること。

二人の顔（著者注・西郷従道と大山巌）のモンタージュで描いたといわれるキヨソネ筆の肖像画及び上野の銅像と、群像写真の中の風土病にかかり痩せてはいるが人を射竦める眼付きで、軍司令官たる風格を十分にもっているこの西郷像（著者注・マント姿の男）とを比較研究した（中略）。断定の方法は絵を描くとき必ず使う線の構成法と描かれた肖像画が、モデル写真と完全に似ているかどうかを、機械でチェックする実物投影法を使って鑑定した。

島田が鑑別に使った素材は「キヨッソーネの肖像画」と「フルベッキ群像写真」で、西郷の特徴を①から④まで挙げて、構図法と実物投影法を駆使してマント姿の男を、西郷と比定したようだ（島田は明治天皇の〝替え玉〟とされた大室寅之祐については比定していない）。

「フルベッキ群像写真」のマント姿の男。その素性は判明していないが、写真における存在感は圧倒的だ

明治天皇が九州・西国巡幸で鹿児島を訪れたときに描かれたとされる、前出の西郷の下絵は巡幸中の唯一の西郷像と言われているが、そこに明治天皇は描かれていない。

天皇は鹿児島を行幸する前の六月十日、山口県の下関に上陸している。このときの天皇の姿を「明治五年　明治天皇山口縣御巡幸記」は次のように記している。

聖上御馬に召され近衛兵護衛し奉り侍従、諸官、諸寮の官員供奉す、供奉員は徒歩従す

また「明治天皇紀」は次のように記している。

九時大小路埠頭より御上陸（略）、騎馬にて阿弥陀寺町紅山下の御在所伊藤九三の家に入りたまふ

天皇は下関を巡幸したときは、騎乗して御在所まで行幸し、洋装に身を包んでいた。古写真から人物および時代を特定する研究を長年続けている、私の知人である、東京大学大学院情報学環特任研究員・倉持基が天皇の洋装について次のように解説してくれた。

「明治天皇の公式写真を撮影したのは内田九一で、彼は明治五年五月二十日ころ宮城内の紅葉山につくられたスタジオで、洋装の天皇を撮影しています。また、前月の

四月には新調された燕尾服型正服をまとった姿を再撮影しているんです［写真⑤］。これらの写真からは、旧時代の面影を残し、新しい世の中に戸惑う幼い天皇の姿が見て取れますね」

戸惑いの表情――たしかにそんな雰囲気を感じさせる写真である。

私は持参した「明治天皇即位時の写真」として流布されている写真［写真⑥］を見

［写真⑤］明治五年（一八七二年）、新調された燕尾型正服を着用した明治天皇（『英傑たちの肖像写真』より抜粋）

［写真⑥］「明治天皇の即位時の写真」として流布した写真。だが、中央の人物は、明治三年（一八七〇年）当時、十二歳だった伏見宮貞愛親王であることが研究者によって比定された（出典・皇族軍人伝記集成第四巻所収）

せて倉持の意見を聞いてみた。

「この写真の人物は明治天皇ではありません。中央の台の上に立っている人物は内田九一が浅草に開業した九一万年堂という写真館で明治三年に撮影した、当時十二歳の伏見宮貞愛親王（一八五八年〜一九二三年）です」

この写真は過去「明治天皇即位時の写真」として何度も紹介されてきたが、中央の人物は倉持が比定した「伏見宮貞愛親王」である。

明治天皇が〝変貌〟した謎

ところで、政府が勅令で衣服を改めるという天皇の言葉として、「服制更革の内勅」を発したのは、明治四年（一八七一年）八月二十五日であった。そして翌年の明治五年四月には倉持が指摘したように、天皇は「黒色、燕尾型、立て襟、ホック付」の正服姿で写真に収まっている。

西国・九州巡幸には内田九一が公式写真撮影の写真師として巡幸に随行しており、七十カット以上の写真を撮影しているが、天皇を写した写真は存在しない（撮影はしたが、未発見の可能性もある）。

だが、西国・九州巡幸時に明治天皇は洋装の騎乗姿で民衆に接している。「明治天皇紀」の六月十六日の長崎巡幸には次のように記されている。

縣民某建白書を上り、天皇の洋装著御を止めたまはんことを請ふ、宮内卿徳大寺實則之れを隆盛に謀る、隆盛某を引見し、大喝して曰く、汝未だ世界の大勢を知らざるかと、某恐懼して退けりと云ふ、長崎エッキスプレス新聞は奉迎の情況を謹録し、而して曰く、今次の巡幸は長崎市民の頑迷を覚醒し固陋を撲滅し、文明進歩の前途に横はる所の棘を排除して、世運の開発に資すべき新思想を鼓吹したまへり云々騎乗の洋装姿の明治天皇を見た長崎市民が批判の建白書を出したわけだが、西郷は市民が「洋装の天皇姿を批判したは世界の情勢を知らないからだ」と一喝したという。

西郷は「近代天皇」の象徴は洋装を是とすると言いたかったのだろう。『英傑たちの肖像写真』には次のような記述がある。

近代国家の元首らしい洋装姿の天皇像を望んだ大久保と伊藤は、出来上がった和装姿の写真に難色を示した

西郷が長崎市民を一喝したように、近代国家の象徴である天皇は洋装でなくてはならないというのは、明治政府の明確な意図であり、演出であった。

明治天皇の騎乗姿として内田九一が撮影した写真［写真⑦］があるが、この写真の天皇は帽子を被っていた。天皇が断髪したのは前述したように、明治六年三月二十日

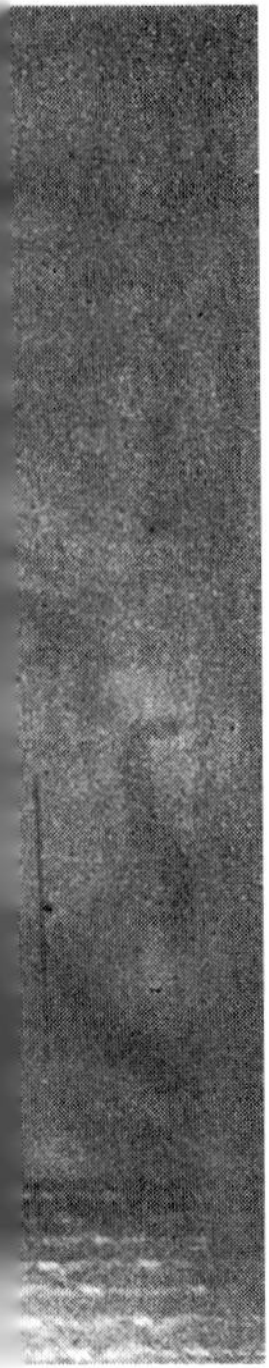

［**写真⑦**］明治天皇の騎乗姿。洋装は近代国家の象徴である天皇をアピールするための明治政府の演出だった（『英傑たちの肖像写真』より抜粋）

であり、断髪前の天皇は髪を結っていたので帽子にはひっつめた髪が押しこめられていたことになる。

ところで、「西国・九州巡幸」に随行した内田九一は天皇の写真を撮影していない。明治天皇の服装についてはすでに述べたが、このとき、明治天皇はどのような容姿・容貌だったのだろうか。岩田礼『天皇暗殺』（図書出版）から、明治五年六月十日の山口巡幸の様子を引用する。

　このとき、天皇・睦仁（むつひと）は若干二十一歳である。側近たちが「姫君と見まがうばかり」というように、そのからだはきゃしゃであった。太政官大書記官・矢野文雄（竜渓）も書いている。

「本来お色の白皙（はくせき）なところに淡紅を帯せられ、御顔も瓜実顔（うりざねがお）で細長く、御体格は、きゃしゃにスラリとしていて、いかにも御秀麗と評し奉るほかに形容の出来ぬ立派な御姿であった」

　かなり割引きさせねばならぬが、それにしても私たちが写真で見なれている、いかついヒゲを生やした明治天皇とは、だいぶイメージがちがう

『天皇暗殺』で引用された矢野の日記は『龍渓閑話』（一九二四年・大阪毎日新聞社刊）には次のように書かれている。

　龍顔をしみじみと拝したのは、この時が初めてであった。当時先帝は御齢三十前後で本来お色の白皙な所に淡紅を帯びさせられ、御顔も瓜実顔で細長く、御体格は、キャシャにスラリとして如何にも御秀麗と評し奉る外に形容の出来ぬ立派な御姿であった。そのころの御様子を追想し奉ると、晩年は非常に御肥満あそばされて、玉顔などもタイヘンの御相違で、殆ど別人の様にお見上げ申すことであった

この文章は明治十二年（一八七九年）に矢野が、当時二十七歳だった明治天皇に謁見したときの様子を綴ったものである。矢野は若き日の明治天皇と晩年の明治天皇の変貌ぶりに驚き、「タイヘンの御相違」「殆ど別人の様に」とまで評している。

ここで、改めて時系列で整理しておく。

①横須賀行幸・パパラッチ写真

明治四年（一八七一年）十一月二十二日・明治天皇、十九歳
②内田九一撮影の御真影
明治五年（一八七二年）四月および五月・明治天皇、二十歳
③西国・九州巡行
明治五年六月・明治天皇、二十歳

ここまでに述べた話を総合すれば、①と②というわずか半年ほどの期間の間に天皇の容貌は大きく変化した（ふっくらした容貌からスリムな容貌）こととなり、②と③の印象は一致するということになる。これは、いったい何を意味しているのか？

写真を見た法人類学の権威は言った——明らかに土台が違う

前出の倉持はパパラッチ写真について解説してくれた。

L'ILLUSTRATION, JOURNAL UNIVERSEL.
JAPON. — Visite du Mikado à l'arsenal de Yokoska; la Fonderie. — D'après un croqu

明治天皇の横須賀行幸の様子は、当時イラスト入りで報じられた（フランス語の週刊新聞『イリュストラシオン』より抜粋、横浜開港資料館蔵）

「盗撮写真は修整、トリミングされています。オリジナルの写真がありますが、そのオリジナルには背景の松林は写っていません。ドックを建設するときに使った石材が背後に積まれています。修整は石材を松林にしたことです。隠し撮りしたスティルフリードのオリジナル写真には松林は写ってないのです」

前著（『フルベッキ写真の正体　孝明天皇すり替え説の真相』）でも書いたが、改めて当日のロケーションを明治天皇紀・巻四十三から引用する。

天皇横須賀に幸せらるゝや一日諸臣と記念の写真を為したまふ。小直衣、切袴を著し、金巾子冠し、扇子を把りて椅子に凭りたまへり侍従太刀を捧げて後方に侍立し、右方全面に太政大臣垂を著して侍坐し――。

天皇の横須賀行幸は明治四年十一月二十二日、そして盗撮の事実を日本側が確認したのが撮影日から一か月後のことであった。「明治天皇紀」に記された「一日諸臣と記念の写真を為したまふ」という記述はスティルフリードの「盗撮」を隠蔽するために、公式に写真撮影をしたと書いたのだろうと推測される。

写真技術は一四三年前でも「修正やトリミング」を可能にしていた。スティルフリードは背景に野暮な石材よりも日本情緒を演出できる「松林」を選んだ。おそらく、その目的は「日本の象徴である天子」の写真を商品として販売することにあったと思われる。

では天皇の容貌の変化はどうなのか。倉持は説明する。

「盗撮写真では確かに、容貌はふっくらとした感じですが、馬上姿の写真は洋装でスリムです。これは、ポーズを付けた写真で自然の姿ではない。自然体は盗撮写真の方だと思います」

ふっくらとした容貌からスリムな容貌へと変容した天皇。これは、今でいうところのダイエット効果だったのだろうか。天皇が肉や牛乳を常食としたのは巡幸の六か月前からであったが、この食生活の変化がダイエットに繋がったとは考えにくい。

私は写真から窺える六か月の間の天皇の容貌の変化について、違和感を拭えない。

天皇の正確な身長・体重がわからないので、ダイエット効果についても不明であるが、天皇壮年期（三十代前後）の身長は「一六八センチ」であったという。十九歳と二十歳の天皇写真［写真①］と［写真②］を比較すれば、［写真①］が鮮明な写真といえないまでも、写真に写る天皇のイメージが明らかに異なることは読者もおわかり頂けるだろう。倉持は説明する。

「盗撮写真は鮮明ではない。天皇の表情もよくわからない。バストショットの写真は明治六年十月に撮影された、細面の天皇の顔がよくわかる。しかし、二年の時間差が天皇の容貌を意図的に変えてしまった理由はとくにないと思います。ただひとつ言えることは、政府が盗撮写真の事実を確認して販売禁止の措置をとり、以後天皇写真を正式に撮影して〝御真影〟として一部の官公署に下付したことが、天皇の〝御真影〟の始まりになったわけです」

私は違和感を払拭するために、パパラッチ写真と九一が撮影した御真影を橋本教授に比較鑑定してもらうことにしたのである。

持参した写真を研究室で見ながら橋本教授はこう言った。

「明らかに土台が違います……」

土台が違う——ここで私の脳裏を過ったのが、あるひとつの仮説だった。

明治天皇〝すり替え〟説である。

パパラッチ写真をめぐる数々の謎

私は仮説を倉持に説いてみたが、一笑に付されてしまった。彼は明治天皇の容貌の変化には意味がないと説いた。本当に意味がないのであろうか。

巷間に流布するすり替え説は、鹿島昇《のぼる》の著作『裏切られた三人の天皇——明治維新の謎』（新国民社）などをベースとしている。

鹿島の天皇すり替え説の要諦は、次のようなものだ。

孝明天皇と睦仁親王は岩倉具視と伊藤博文らによって暗殺され、長州が匿《かくま》っていた南朝の末裔である大室寅之祐が睦仁親王とすり替えられ、明治天皇として即位した。

この鹿島の著作をベースとするすり替え説に則れば、明治天皇は即位前（もしくは即位と同時）にすり替わっていたこととなる。

だが、写真が示唆する明治天皇の容貌の変容は、即位後の明治四年（一八七一年）から明治六年（一八七三年）にかけての短い期間におけるものである。

詳細は後述する橋本鑑定の結果に譲るが、写真の変容をベースに考えれば、従来のすり替え説と違う可能性が浮上する。

つまり、もし可能性があるとすれば、すり替えは即位前（もしくは同時）ではなく、即位後に行なわれたのではないか。

そして、パパラッチ写真はその禁断の事実をとらえてしまった……。

横須賀行幸のパパラッチ写真にはいくつかの謎がある。

前述のように、この行幸はお忍びの非公式なものであったため、事前にスケジュールは公表されていない。スティルフリードは横須賀行幸の情報をどのようにして、誰から入手したのか。辛抱強く現場で張りこみをした結果、ようやくあの写真を撮影することができたとでもいうのだろうか。

当時、明治天皇の御真影はいまだ撮影されておらず、天皇は可視化されていない。前出の『天皇暗殺』には、山口巡幸のときの様子が次のように描写されている。


灯台を見た天皇は、すぐに乗船した。それを見送った島の若い女が、息せききって島の西教寺にかけこんだ。彼女は目を飛び出させるようにして住職にいった。「天子様にも目が二つあった！　ウチらとちっとんかわんなさん」


これが当時の状況である。では、スティルフリードはどうして、あの一行のなかに明治天皇がいることが、また、なぜあの人物が明治天皇であることがわかったのだろうか。

私は現場を訪ねたが、残念ながら、スティルフリードの撮影ポイントを特定することはできなかった。

ただ、当時は望遠レンズなどない時代であることから、スティルフリードは、かなり近い距離から撮影したはずだ。にもかかわらず、その盗撮に誰も気づかなかったのはなぜか。

提示したいくつかの謎はひとつの仮説で氷解する。

行幸のスケジュールは何者かによって、スティルフリードにリークされていた――。写真は天皇を中心とする構図で、スティルフリードは明らかに天皇を狙っている。

スティルフリードが横浜に写真館を開いたのは、明治四年八月……つまり、パパラッチ写真が撮影される、わずか三か月前のことである。タイミングとしてはあまりにもできすぎており、きな臭さを感じるのは私だけだろうか。

前述のようにこのパパラッチ写真の事実は一か月後に政府の知るところとなり、当時の神奈川県令の陸奥宗光は外務省とも図って事後処理に忙殺されていた。交渉の結果、スティルフリードは撮影した湿式写真（ウエット・プレート）とガラス版（ポジ）を高額の金で引き渡すことを約束し、写真は〝封印〟された……はずだった。だが、写真は流出してしまったのである。

［写真⑧］明治六年（一八七三年）、内田九一によって撮影され、明治天皇の〝御真影〟として認証された写真（『王家の肖像―明治皇室アルバムの始まり―』神奈川県立歴史博物館・編より抜粋）

[写真⑨] 明治二十一年（一八八八年)、キヨッソーネが描いた天皇像を写真師・丸木利陽が撮影したもの。このコンテ画が国民に拝された〝御真影〟となった（『王家の肖像―明治皇室アルバムの始まり―』神奈川県立歴史博物館・編より抜粋）

政府はなぜ必死に写真を封印しようとしたのか

内田九一が明治六年（一八七三年）十月十八日に三度目の呼び出しで皇城に伺候し、洋装大礼服を着用した天皇を撮影した。「椅子に腰かけてサーベルを吊り、右足を少し曲げた」明治天皇を撮影したもので、右手の机には大礼帽子が置かれている。天皇はうっすらと口髭を蓄えている。四ポーズ撮影されたなかで〝御真影〟として認証されたのが［写真⑧］で、天皇二十一歳のときのものである。

大礼服姿の青年天皇には和服姿のときの面影は微塵もない。修整が施された御真影とはいえ、近代国家の元首としての天皇写真を、政府が官公署に下付したのである。

天皇写真は、その後、何度か修整と補修が施されて国民に広くプロパガンダされてゆくが、この御真影［写真⑨］は、明治二十一年（一八八八年）一月、大蔵省印刷局のお雇い技師エドアルド・キヨッソーネが描いた軍人天皇像を写真師の丸木利陽が撮影したものであった。

そして国民はこのコンテ画写真から天皇の御尊顔を知ることになった。天皇三十六歳の〝御真影〟であった。

それ以来、御真影は、このコンテ画写真が天皇崩御まで広く日本全国の家庭に掲げられてゆくこととなった。天皇が践祚したのは十四歳、糖尿病性敗血症で崩御されたのが、明治四十五年（一九一二年）七月三十日。六十一歳であった。

こうした御真影による天皇の可視化という国家機密の根底には、当然のことながら、横須賀のパパラッチ写真があったことは言うまでもない。

そして、政府がこの写真を必死に封印しようとした理由は、政府にとってこの写真が明らかに都合が悪い代物であったからだろう。

ところで、『日本写真史（上）』（島原学・中央公論新社）には、次のような記述がある。

この隠し撮りとは別に、明治天皇は同所（注・横須賀造船所）で記念撮影に応じており、歴史上初めて天皇が写真を撮られた日となった

驚くべき記述だが、なぜこの正式な写真は公開されないのか。この記述が事実であるならば、写真を公開できない理由が私にはわからない。

橋本教授への鑑定依頼から約一か月後、ようやく鑑定結果が出たとの連絡が来た。

パパラッチ写真に写された十九歳の明治天皇と、内田九一が明治六年に撮影した二十一歳の明治天皇――法人類学は、はたしていかなる鑑定結果を下すのだろうか。

法人類学が提示した歴史の闇

橋本教授の部屋は、相変わらず足の踏み場もないほどで、書類が床にまで積み上げられていた。壁際には段ボール箱が積まれ、二つあるテーブルの上も書類の山であった。

東側の窓を背にしたポジションに教授のデスクがあるのだが、その上はパナソニックのモニター二台が占拠している。同じく、デスクの右側にも二十インチのモニターがテストパターンを起動させていた。

教授の部屋はまるでコンピュータが主のようである。

私が入室したときも、教授はモニターとにらめっこをしており、こちらの気配がわからなかったようだ。

目線で挨拶を交わし、私は、わずかな空間を縫って、教授の右横に置かれた丸椅子に腰かけた。

「鑑定書はできていますが、その前に、今回の鑑定結果を簡単に説明しておきましょう」

　静かな部屋には、コンピュータの独特な音が流れている。無機質な音は、決して心休まるBGMではない。

「まず、これを見てください」

　教授は、いつの間にか、光沢紙に印刷された資料をデスクの上に置いていた。

「資料1の写真、これは、集合写真ですね。拡大したのが下の写真で、お稚児さんのような恰好をした人物を拡大しています。資料2は、明治天皇の写真です」

　教授が「集合写真」と呼んだのは、パパラッチ写真のことで、拡大した画像は「十九歳になった明治天皇」である。また、資料2の写真は、明治六年（一八七三年）十月、天皇が二十一歳になったとき、皇城の紅葉山につくられたスタジオで内田九一が撮影した「バストショット」の天皇写真である。

　この時代は、まだ天皇写真は〝御真影〟とは呼ばれておらず、この半身像の天皇写真は、国民には流布されていなかった。

「資料1と2の拡大写真を見てください。矢印1と2は眉尻の特徴を指していますが、いずれも、上下幅は長く、密度も濃いですね。眉の走行は、内側から外側に流れているのが、見て取れます。

図６　資料１の検査対象人物と資料２の写真上の人物の比較

橋本教授の鑑定書の一部。パパラッチ写真と内田九一撮影の写真の比較鑑定の結果、「別人とも、同一人物とも言えない」という鑑定が下されたが……

次は上眼瞼ですが、一重で、資料写真2の天皇写真はハッキリしていますが、資料1の写真はぼやけているので、一重か二重かは、特定が難しい。それと、顔の部品のもみあげ（矢印4）、顎（矢印3）を比較すると、同一性が確認できますが、唇の下（矢印2）が、資料2には、髭があり、資料1にはないので、正確な比較ができません。それと……最も重要なことは、顔の中心になる、鼻の鼻梁が似ていないことです」

鑑定書には、鼻について、次のように、記されていた。

鼻部は、鼻根部から鼻尖部に至る鼻背部が、中間よりわずか上方から前方に、まるみを帯びていることが分かる

教授は鼻については、詳しく語ってくれたものの、他のパーツについては、明言を避けているようにも感じられた。

教授の説明は、今日に限っては、いつもの覇気がない。疲れているのだろうか。

私は、短刀直入に二枚の写真の人物は「同一人物なのか」それとも「別人なのか」を質した。

「斎藤さん、歯切れが悪いと思うでしょう。どうも、この写真からは、二人に同一性が、あるようでない。と言って、まったくの別人とも断定できない。鑑定は半々ということになりますね」

私は、教授の鑑定結果を期待していた。

理由は、パパラッチ写真とバストショットの写真が「別人である」との比較鑑定が出るものと予想していたからだ。

二枚の写真を見た橋本教授の当初の見解は、「土台が違う」というものだった。

だが、鑑定の結果は〝フィフティ・フィフティ〟であった。

別の御真影を比較鑑定すれば、また違う結果が出たのであろうか。

いずれにしろ、同一人物の可能性もあり、別人の可能性もあるという鑑定結果であり、五十パーセントのすり替え説の可能性も保留されたことになる。

「鑑定報告書には、詳しく記しておいたので、それを見てください。この写真の鑑定に関しては、やはり資料写真1の不明瞭さがあるので、なかなか難しいですね」

比較鑑定では、パパラッチ写真とバストショット写真の間には、決定的な相違点は確認できなかった。また同様に決定的な一致も確認できなかった。

写真が不鮮明であるというエクスキューズがあるにしても、この鑑定結果は重大な意味を持つことになる。

本来であれば、「同一人物である」ことが大前提の、「同一人物でなければならない」二枚の写真に写る人物に〝フィフティ・フィフティ〟の鑑定結果が下ったのである。法人類学をもってしても、近代史最大の謎にしてタブーである、すり替え説の真偽を完全に解明することはできなかったことは事実だ。

だが、今回の鑑定は、ある意味で画期的なものだったと私は考えている。

第八章

「法人類学」が下した鑑定と新たな謎

古写真鑑定の新たな武器――法人類学

東京歯科大学法人類学研究室の橋本正次教授には、「西郷写真」の鑑定において重要な役割を担ってもらった。橋本教授の存在なくしては本書は成立し得なかったと言っても過言ではない。

西郷に関する鑑定では、橋本教授も「西郷写真」の存否には関心を持ったようで、私が渡す資料以外にも明治の古写真などを自身で集めて、鑑定の客観的資料として参考にしてくれた。それが「フルベッキ群像写真」であり、「西郷の弟・従道の写真」だった。

私が橋本教授と出会ったのは、「フルベッキ群像写真」の鑑定を依頼したのがきっかけであった。

前著（『フルベッキ写真の正体　孝明天皇すり替え説の真相』）のなかで、フルベッキ写真の前列に写る刀を両腕で抱える、明治天皇の替え玉・大室寅之祐と言われた若侍と、内田九一が明治六年（一八七三年）十月に、皇城で撮影した二十一歳の明治天皇の写真を、橋本教授に比較鑑定してもらった。

このときの鑑定では、「フルベッキ群像写真の若侍と九一撮影の明治天皇は別人」であるとの結果が下された。

資料と証言だけでは到達しえない写真の真実に、法人類学は時間を超えてアプローチできる可能性を秘めていると私は考えている。

ここで、法人類学について簡単に触れておきたい。「スーパーインポーズ法　遺骨鑑定の新たな可能性を探る」から橋本教授の発言を引用する。

法歯学や法人類学は犠牲者が誰であるのかといった身元確認を主たる目的としています。歯を個人識別に利用した法歯学の古い事例では、皇帝ネロの母親が殺させた相手を歯で確認したという記録があります。また、100年以上前にフランスで発生したホテル火災では亡くなられた犠牲者の身元確認に歯の特徴が使われました。日本でも歯の特徴による身元確認は比較的早くから行われていましたが、特にその有効性を再認識したのが1985年に発生した日航機墜落事故でした。この事故では520人の方が亡くなられたのですが、そのうちおよそ300人前後が歯で確認されたのです。

法人類学は、見つかった死体が白人なのか黒人なのか黄色人種なのか、つまり人種の鑑別が重要になる多民族国家のアメリカで発展しましたアメリカの人気ドラマ『ＢＯＮＥＳ』を地で行く世界である。

法人類学は引用した橋本教授の発言にあるように「身元確認を主たる目的としている」が、培われた数々のノウハウに基づく鑑定方法は違う分野でも応用されている。『ＬＩＶＥ　講義北朝鮮入門』（礒﨑敦仁・澤田克己／東洋経済新報社）には次のような記述がある。

北朝鮮は九月三〇日、代表者会談の後に金正日総書記が党幹部たちと一緒に撮ったという記念写真を配信しました。（中略）最前列中央の椅子に座った金正日総書記から向かって左側二人目に、金正日総書記の服に似た黒いジャンパー姿の若い男性が写っていました。（中略）序列から考えても金正恩氏でしかありえませんでした。北朝鮮はあくまでも『金正日総書記と党幹部』という説明しか写真に付けていません。でも『毎日新聞』がこの後、骨や写真による鑑定の第一人者である東京歯科大学の橋本正次教授（法人類学）に鑑定を依頼した結果、一〇代のころに留学していたスイスの公立中学校で撮影したクラス写真に写っていた金正恩氏と、

錦練山での記念写真で金正日総書記の二人左側に写っている男性は「同一人物である可能性が高い」と判断されました

これは、二つの写真を比較して、二つの写真に写る人物が同一人物であるかどうかを鑑定する手法だ。

橋本教授の長年の経験と独自に開発したソフトを用いて鑑定する手法は、本書や前著でもいかんなく発揮された。

古写真「フルベッキ群像写真」をめぐっては数々の論争が起こったことはすでに述べた通りである。

「維新の英傑が一堂に集結した写真だ」として、その理由を維新革命を成功させるために集った面々の極秘写真説を唱える者と、「いや幕末の英傑など写っていない」と否定する説が展開された。

そこで私は前述の明治天皇の〝替え玉〟・大室寅之祐とされた青年の鑑定に目をつけたというわけである。

限られた資料や証言だけでは、古写真の人物比定には限界がある。肯定派も否定派も決定的な証拠を出せないという状況が、フルベッキ写真をめぐる論争が長きにわ

独自に開発したソフトを駆使して写真鑑定をする橋本教授

たって続いてきた要因であったと私は考えた。

だとすれば、法人類学による鑑定で、青年と明治天皇の写真を比較鑑定すれば、青年の素性と写真の真実が明らかになると考えた。

フルベッキ群像写真に写る謎の青年が、明治天皇とは同一人物ではないという鑑定は、画期的なものだった。橋本鑑定は、論争に終止符を打ったと私は考えている。

だが、この鑑定でフルベッキ写真の謎のすべてが解明されたわけではなかった……。

残された二枚の写真――「フルベッキ群像写真」と「スイカ西郷」

そして、再び依頼したのが「第五章」で論じた西郷隆盛の写真鑑定である。

その結果は「第五章」に詳述したように、九一が撮影した「大阪造幣寮前の近衛兵の整列写真」に写る三人の人物の、真ん中の人物と肖像画に描かれた西郷像とは一致しなかったのである。

肥後直熊による西郷の肖像画は、「西郷南洲顕彰館」の高柳館長が「西郷の特徴を最も忠実に描いている」と証言するものの、あくまでも絵である。肖像画と写真の鑑定については疑問を持つ向きもあるだろう。

そこで、橋本教授が用意した客観的な資料が西郷の弟・従道の写真であった。以下、鑑定書から引用する。


資料2（西郷の肖像画）の似顔絵が西郷隆盛を正確に描いているのか否かを検討するために、西郷隆盛の弟である西郷従道の写真との比較を行った結果を示している。両者ともに、眉は太く、その密度も非常に濃いことが観察できる。また、いわゆる鼻筋が通り、鼻根部が前方に出たまま眉間部に達している特徴も、両者に認められる。頬骨部下方の顔面皮膚上に顕著な窪みもなく、耳垂の形状も中間型で酷似している。さらに、顎先に同じ赤線の円弧を重ねても両者に全く矛盾がない。もちろん、両者は別人であることは明らかであり、その違いは頭髪の生え際や外眼角などの形状、鼻翼の形状などに観察できる。しかしながら、非常に似た特徴も観察されることから、遺伝的な関係のある人物の可能性は考えられる。この結果から、資料2の似顔絵が西郷隆盛の特徴をある程度は描いているものと推察される

このように二つの素材を使って行なわれた鑑定によって、肖像画と九一が撮影した西郷とされた人物は、同一人物ではないとの判断が下された。

ただし、この鑑定結果をもって、大阪造幣寮前の人物が西郷隆盛ではないと否定されたわけではない。西郷の真正写真が現在のところ発見されていない以上、あくまでも西郷に最も近いとされる肖像画と比較した鑑定結果ということである。

ここで改めて本書で取りあげた写真を列挙しておく。

①フルベッキ群像写真
↓西郷とされる「マント姿の男」については今も謎のままだが、後述の⑥の人物と一致するとの鑑定結果が出る
②「永山西郷」
↓写っている人物は薩摩藩士・永山弥一郎であることが判明
③角館の青柳家に残されていた「カルタ写真」
↓写っている人物は土佐出身の尾崎忠治であることが判明
④「スイカ西郷」
↓顔の輪郭がスイカに似ていることからスイカ西郷とされた人物は、再興重富津島家の侍医・小田原瑞苛とされるが、本書では検証の結果、墓碑に刻まれた文言から小田原瑞苛説を保留し、改めて西郷である可能性を指摘。最終結論は橋本鑑定に委ねる
⑤「一三人撮り」
↓西郷とされた人物は、床次正蔵であるとの指摘あり

⑥「明治天皇西国・九州巡幸」の大阪造幣寮前の写真
↓西郷とされた人物については、西郷の特徴が最も忠実に表現されている肥後直熊の肖像画との比較からは「別人」との鑑定が出ている。だが、前述の通り、①の人物と一致するとの鑑定結果が出る

現時点で、「西郷が写っている可能性がある」もしくは「比較鑑定の結果、西郷が写っている可能性がある」写真は①④⑥の三枚となっている。

⑥の大阪造幣寮前の写真については、第五章でも述べたように、「西国・九州巡幸」のオフィシャル写真に「洋犬」が写りこんでいる不自然さを、九一が「洋犬」を写すことで、西郷の存在を暗に伝えようとしたのではないかと推理した。

さらに、橋本教授は意外な答えを用意していてくれた。それは、想定もしていなかった鑑定結果であった。

①「フルベッキ群像写真」の「マント姿の男」と⑥の人物が「一致」してしまったからである。橋本教授は次のように語る。

「九一写真はぼやけているので肖像画との比較検査は正確さに問題がありますが、フルベッキ写真の黒マントの男は、鑑定素材として肖像画との比較検査は容易でした。

特徴がよく出ています。鑑定結果の報告は鑑定書に記しましたが、西郷さんは非常に特徴のある面相をしています。ポイントは鼻と上顎、唇でしょう」

　ここで橋本鑑定の結果を整理すると次のようになる。

●「西郷の肖像画」と「大阪造幣寮前の人物」の鑑定＝別人
●「西郷の肖像画」と「フルベッキ写真の人物」の鑑定＝別人
●「大阪造幣寮前の人物」と「フルベッキ写真」の人物＝同一人の可能性が非常に高い

　橋本教授の思わぬ鑑定結果によって、再び私はフルベッキ写真の謎へ迷いこんでしまった。大阪造幣寮前の男とフルベッキ写真のマント姿の男の相似について、私はまったく気づいていなかった。

　それにしても、このマント姿の男はいかなる素性の人物なのか。いずれ解答を出さなければならないだろう……このヘラクレスのような体軀の、圧倒的な存在感を持つ男の正体を……。

　私は、橋本教授に④の「スイカ西郷」の写真を鑑定してもらうために、さらなる

「スイカ西郷」写真。はたして、西郷と目された人物はフルベッキ写真のマント姿の男と一致するのか……そして、右側の男は、大久保利通なのか……

協力を依頼した。過去に西郷とは別人の再興重富島津家の侍医・小田原瑞苛として、比定された人物の鑑定である。

「スイカ西郷」写真の来歴については第三章で論じているが、この写真に写る西郷とされた人物は「別人」と否定されているものの、その根拠はすべて文書と関係者の証言だけなのである。

前出の古写真研究家・宇高随生はこの「スイカ西郷」写真に写る人物のなかで、四人を「西郷隆盛、大久保利通、珍彦兄弟」と論じている。

写真については島津家関係者の二人——島津珍彦と忠欽——が、西郷の在京時代（明治四年〜六年）に東京で写した記念写真が発見されていることから、「スイカ西郷」写真に西郷と大久保が写っているとしても、おかしくはない。

西郷が写真に写っているとすれば、撮影されたのは当然在京していた時代である。アソカ書房の元編集者・大塚安子は前述したように、写真が撮影されたのは明治二年五月から六月にかけての時期であったと調査している。その根拠は「九一堂万寿写真館」の開業が明治二年であることに時間軸を合わせての検証である。

しかし「九一堂万寿写真館」が開業していた時期は、明治二年から八年の間とほぼ確定しており、「スイカ西郷」写真が撮影された時期は幅を持たせて検証する必要があるだろう。

西郷が在京した時代で最も長い期間は、明治四年四月から同六年十一月までの二年あまりである（途中一か月あまりは鹿児島に帰郷している）。

だとすれば、この写真は大久保が岩倉遣欧使節団の副使として横浜を出発する、明治四年（一八七一年）十一月前に撮影されたとしても、時間的には符合するのである。

つまり、宇高が論じたように、時系列からみれば、この写真に西郷と大久保が写っている可能性はゼロではない。

こうして残された西郷写真の鑑定資料は、

●「フルベッキ群像写真」

●「スイカ西郷」

の二つに絞りこまれた。

はたして、法人類学はいかなる判定を下すのだろうか……。

鑑定結果がもたらした新事実

フルベッキ群像写真に写る「マント姿の男」と「スイカ西郷」写真と称される、六人が写っている写真のなかで、髪を結い椅子に座って左手で太刀を立てている人物の

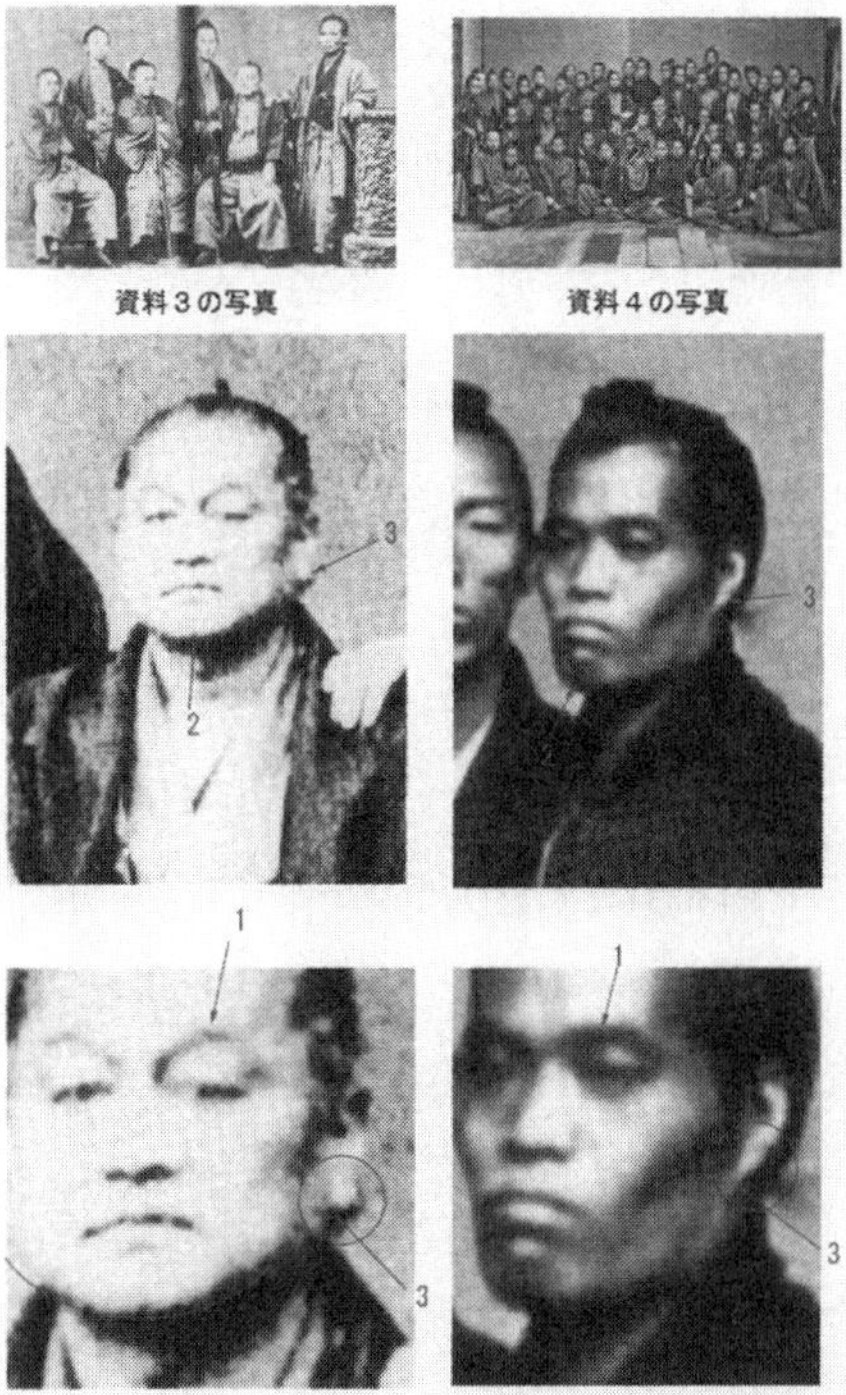

図７　資料３の①の検査対象人物と
資料４の検査対象人物の比較

「スイカ西郷」と「フルベッキ写真」のマント男との鑑定書の一部

比較鑑定について、橋本教授が説明してくれた。

「検査対象の資料3と4を比較鑑定しました。拡大した人物の特徴は、明らかに頭骨の外郭、顔の土台からして違っており、パーツの耳と顎、目にも相違がみられます。耳の形状は3の人物が〝福耳〟ともいわれる分離型で、一方の4の人物は密着型です。また、眉の形状も3と4は異なり、眼窩も異なっている。それと、顎の形状を示す矢印2に著しく差異があることがわかります。詳細は、鑑定書に記してあります。結論を申せば、3の人物と4の人物は一致しませんでした」

橋本教授の鑑定で「マント姿の男」と「スイカ西郷」写真に写る人物は「別人」と断定された。

今回の鑑定はあくまで「マント姿の男」と「スイカ西郷」写真との比較鑑定である。

資料や証言などから西郷の写真である可能性として、最終的に二枚の写真が鑑定資料として残った。

残念ながら、二枚の写真に写る人物は別人と鑑定されたが、この鑑定をもって、二枚の写真の人物が西郷隆盛ではないと判断するのは早計だ。西郷の写真がない以上、比較鑑定ができないからである。

それは「スイカ西郷」も同様で、西郷とされた人物が小田原瑞苛であると比定された根拠があまりにも少ない。文献や資料、証言はもちろん重要だが、比較鑑定するために必要不可欠な瑞苛の写真も似顔絵も存在しない以上、「スイカ西郷」が小田原瑞苛と断定するための材料が不足している状況は否めない。橋本教授もこんな感想を漏らしている。

「3の人物を特定するためには肖像画か、せめて似顔絵でもあれば、比較鑑定して人物特定はできます。今回の鑑定は3と4の検査対象の写真があったので〝別人〟という、鑑定結果を出せたのです」

今回の鑑定で「マント姿の男」と「スイカ西郷」写真の人物が一致しないことだけは明らかになったが、思わぬ収穫もあった。

「スイカ西郷」写真の向かって右側に写る人物が大久保利通という説があることはすでに述べた。私はそのことも橋本教授に話していた。

「斎藤さんが、大久保利通のことを話していたので、ついでに鑑定してみました。比較するために使った写真は、インターネット上の資料5の写真です。資料3の写真と比較してみると、驚くほど3と5は類似点があります。写真鑑定でも珍しいケースでした。パーツを示す矢印1から矢印10が、すべて一致するんです。3の人物と5の人

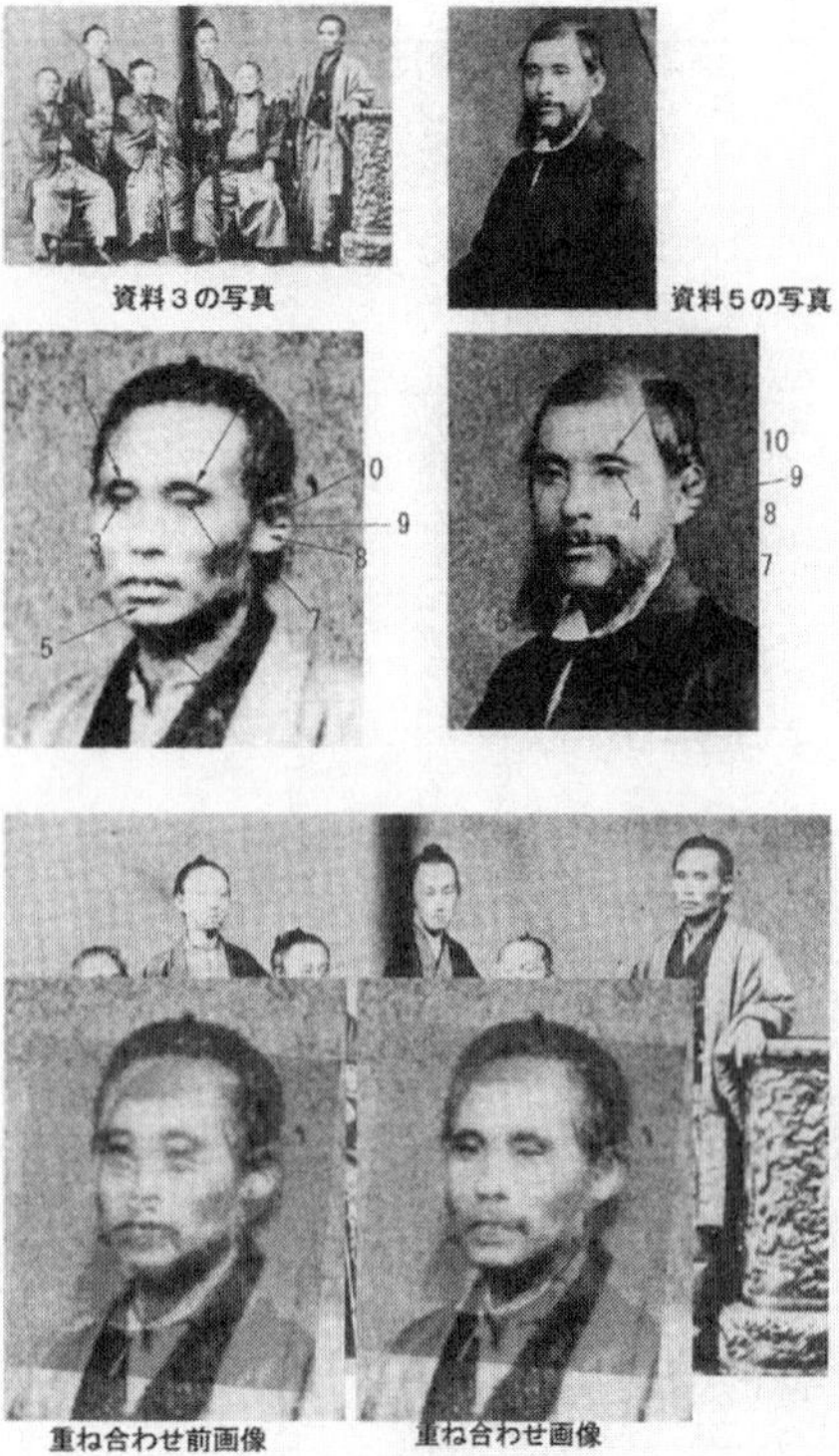

図８　資料３の②の検査対象人物と
資料５の検査対象人物の比較

「スイカ西郷」写真に写る右端の人物と大久保利通の比較鑑定によって、驚くべき結果が出た。橋本教授が「写真鑑定でも珍しいケース」と言うほど、両者には一致が見られたのである物は、同一人物である可能性がきわめて高いですね。3と5を重ねて画像をつくったのが図8の写真です。見事なほど一致していることがわかるでしょう」

橋本教授が比較対象とした大久保の写真はどうやら、大久保が岩倉遣欧使節団の副使として、ロンドン滞在中の明治五年（一八七二年）に撮影した写真と思われる。

このとき、大久保は西郷宛に写真を送っているが、西郷は、写真について「バカなことはお止めなさい」と窘《たしな》めていた。


私は、教授の解説をメモに起こすことに苦心して、その写真を見る余裕もなかった。教授の解説が終わったあと、「スイカ西郷」写真に写る、右端で飾り台に左手を添えて、右手を椅子に座る人物の肩に置いた長身の男をしげしげと眺めていた。

この男を大久保利通と同定したのは、元アソカ書房の編集者・大塚安子と、古写真研究家の宇高随生であった。大塚は、大久保の印象を次のように記している。


よれよれの袴に紋のない羽織、藩主御舎弟の前だからといって特別の衣紋をつくろうと種（ママ）の習わしなどによほど無頓着な人物である（『大西郷謎の顔』）

そして、大塚は続けて、こう論じている。

さて、最右端が平野国臣ではなく、大久保利通であることがわかると、大久保が肩に手を置いて親しそうにして撮られている、でっぷり肥った紋付羽織に太身の太刀を構えた恰幅ある人物名をとく糸口はほぐれてくる。大久保と仲のよかった人物、それは同藩士西郷隆盛の他はあるまい

一方の宇高は、中外新聞を引用するかたちで次のように指摘している。

左に立って（ママ）左手を肘掛台に乗せ、右の手を西郷の肩にかけているのは大久保市蔵である（『大西郷　謎の顔』）

しかし、この二人の考察は、かつて島津家の関係者と地元鹿児島の郷土史家によって否定された。そして「スイカ西郷」写真に写る右端の人物は、島津忠欽の家臣・橋口半五郎とされ、今日まで「橋口半五郎」説が定説となっている。

だが、過去、四十年にわたって真贋論争があったこの大久保説に、どうやら、今回の写真の比較鑑定で決着がついたと言ってもいいのではないだろうか。

大塚も宇高もすでに故人である。もし生きていたら、橋本教授が下した鑑定結果をきっと喜んだことだろう。

お前はいったい、何者なのか……

私は「写真による人物比定」を橋本教授とパートナーを組んでこれまで進めてきた。

そして写真素材を使った人物比定が、定説を覆すことがあることを学んできた。また写真の力は説得力がある反面、トリックに使われる危険性があることも、同時に橋本教授から学ばせてもらった。

過去の鑑定においても今回の鑑定同様、定説を覆すような、もしくは覆す可能性がある新発見があった。

写真による比較鑑定は、既視感や直感といった生理的な曖昧さとは異なり、人物の鑑別は比較検査の材料・素材によって、確度の高い鑑定を出すことを可能としている。それだけに、鑑定結果が思わぬ事態を生むことがある。橋本教授は語る。

「鑑定書の作成は非常に神経を使います。私の鑑定如何で、もし誤った判断を下せば、無実の被告が有罪判決を受ける、あるいはその逆もあり得るわけです。その場合、それぞれの当事者の人生を変えてしまうわけですから、鑑定書の作成には慎重に慎重を期しています」

橋本教授の本職は「法人類学」である。すでに述べたように、専門分野では数々の実績を残してきているが、写真による人物の比較鑑定は基本的には「犯罪捜査」をバックアップする鑑定である。それは、古写真から人物特定をする比較鑑定でも、手法や考え方はまったく同じである。それだけ、慎重な鑑定をする以上、古写真からの人物鑑定も信頼に値する成果が出ていると、私は確信し、橋本鑑定には全幅の信頼を寄せている。

古写真の鑑定は、写真が暴く真実の追求という、いわばノンフィクション的な手法だ。

それにしても、フルベッキ群像写真に写る、ヘラクレスのような体軀をもった「マント姿の男」はいったい誰なのか？

今のところ、わかっていることは、このマント姿の男と、天皇の御用写真師であった内田九一が、大阪造幣寮前に並んだ近衛兵を指揮する三人のなかの、一人と酷似しているという、鑑定情報だけなのである。マント姿の男に関する情報を、私は写真情報以外、持ちあわせていない。この人物については、さらに取材が必要だし、フルベッキ群像写真の全容を解明しない限り、マント姿の男の素性は判明しないかもしれない。まだまだ時間がかかりそうだ。

今回の鑑定で私はすっかりマント姿の男に関心が向いてしまった。この人物を西郷とする根拠はあくまでも既視感にとらわれたものである。だが、そんな程度の根拠で西郷と比定された（その真偽は別として）人物が、期せずして西郷が写っているとされた別の写真の人物と偶然にも一致すると、橋本教授は鑑定したのである。

こうした偶然に遭遇すると、マント姿の男の、写真における存在感はさらに増し、圧倒的な存在感を発揮して、私に迫ってくるから不思議だ。

むろん、マント姿の男が西郷であるなどということを力説したいのではない。ただ、マント姿の男の素性がどうしても知りたいのだ。

この男は、本当に何者なのか……名もなき侍なのか……それとも……。

橋本教授は提案してくれた。

「西郷写真にこだわるのなら、改めて、鑑定をしてみましょうか」

私は、その提案を受けることにした。

とりあえず、①西郷の「肖像画」（肥後直熊作）②鹿児島の「西郷像」の写真を研究室に持ちこんで、「マント姿の男」との比較鑑定を依頼することにした。

残念ながら時間的な制約から、この鑑定結果を本書で報告することができないが、別の機会で必ずやこの鑑定結果を報告したいと考えている。

それにしても、写真による人物比定は、興味深い。そして、興奮すら覚える作業だ。

終章

「フルベッキ群像写真」の迷宮

西郷写真のミステリー

昨年（二〇二三年）十二月、上野の西郷像の前で西郷生誕一八六年祭が行なわれ、私も、そのセレモニーに参加させてもらった。

そのとき、参加者の数人に真影の「西郷写真」の存在の可否について質問してみたが、全員が真影の存在は否定した。

私が「西郷写真」の探索を始めたのは三年前で、生誕祭に参加したときは、フィールドワークもほとんど終わっていた。

その結果を前章までにまとめたのが本書だが、読者の方々の読後感はいかがなものであろうか。

三年にわたる「西郷写真」の探索では、真影を確認することはできなかったが、フィールドワークの過程で「西郷写真」には、数々の謎が存在していることを知り、そのミステリーを追究してきた。

それは、また同時に写真というラビリンスの世界に迷いこんでしまう旅でもあった。

安重根と孝明天皇・暗殺

古写真の謎をめぐる私の旅は振り出しに戻ってしまった。

思えば、前著『「フルベッキ群像写真」と明治天皇〝すり替え説〟のトリック』のきっかけは、伊藤博文を撃った男・安重根《アン・ジュン・グン》の取材がきっかけだった。

伊藤博文暗殺の実行犯とされた安重根。法廷で安は伊藤博文暗殺の理由として、伊藤が孝明天皇を弑逆した下手人だと告発した

現在、日韓をめぐる関係において、安重根が再び脚光を浴びている。
今年の二月、共同通信は次のような記事を配信した。

日本政府が、安重根は「（初代韓国統監の）伊藤博文を殺害し死刑判決を受けた人物だ」との答弁書を閣議で決定したことについて、韓国政府当局者は5日、「安義士（韓国での呼称）はわが国の独立と東洋の平和を守るため、帝国主義の元凶を懲らしめ、国際社会に称賛されている偉大な人物だ」と反論した。

この当局者は「日本政府が安義士の義挙（暗殺）を閣議決定で再びおとしめたのは、日本の（安倍晋三）政権が帝国主義時代の過ちを全く反省していないことを示すものだ」と批判した。

日本政府は4日決定した答弁書で、中国黒竜江省ハルビン市に安重根をたたえる記念館が建設されたことについて「残念で遺憾だ」としていた。（2月5日付）

韓国で英雄視される安重根が伊藤博文を暗殺したのは、明治四十二年（一九〇九年）

十月二十六日である（この暗殺劇の背景の考察は前著に詳述したので、参考にしてほしい）。

明治四十三年（一九一〇年）二月、旅順・関東都督府地方法院での裁判において、安重根は伊藤博文を暗殺した理由として「伊藤博文罪状十五ヶ条」を述べたが、問題となったのは「十四条」であった。

十四、今ヲ去ル四十二年前、現日本皇帝ノ御父君ニ当ラセラル御方ヲ伊藤サンガ失イマシタ。ソノ事ハミナ韓国民ガ知ッテオリマス

伊藤博文は明治天皇の父君・孝明天皇を弑逆《しぎゃく》した下手人であると、裁判で告発したのである。

この告発の真偽を調べはじめた私は、孝明天皇暗殺説と明治天皇〝すり替え〟説という、幕末から明治にかけての異端史を知り、明治維新の謀略と明治天皇〝すり替え説〟の決定的証拠とされた一枚の古写真に辿りついた――それが、「フルベッキ群像写真」であった。

謀略の根拠とされた歴史的写真

「フルベッキ群像写真」の歴史についてはすでに述べた通りだが、なぜかくもこの写真が維新の謀略の根拠とされ、そしてそれが信じられてきたのか。

それはとりもなおさず、上野彦馬という当代一の写真家が撮影した、この写真が持つ圧倒的な〝力〟ではないかと思う。

「幕末の英傑が一堂に会した決定的写真」「明治天皇の〝替え玉〟・大室寅之祐が写っている」

――そう言われてしまえば、それを見る者に信じさせる〝力〟をこの写真は持っている。

そして、この写真の圧倒的な力は、異端史を説く人々にとっての光明であった。鹿島曻が説いた明治天皇〝すり替え説〟を補強するツールとして、鹿島のフォロワーたちは、この写真を活用してきた歴史があった。

私はこの古写真の検証にのめりこみ、そしてこの写真の真相を確かめるべく、鑑定を依頼したのが、今や私の取材パートナーとも言うべき、橋本正次教授だった。

橋本教授の「法人類学」による鑑定は、資料と証言による写真の検証に限界を感じていた私にとっては、まさに光明だった。

こうして、「フルベッキ群像写真」から始まった私の古写真をめぐる旅は、明治天皇のパパラッチ写真、そして、西郷の真正写真へと至ったわけである。

だが、法人類学という新たな鑑定方法によって導かれた古写真をめぐる私の旅は、再び、「フルベッキ群像写真」の迷宮へと引きずりこまれる結果となった。

私の旅は、結局のところ、この「フルベッキ群像写真」に写る四十四人の人物を比定しない限り、終わらないのだ。

西郷隆盛とされたマント姿の男――この人物は何者なのか。

写真がとらえた〝皇位継承のブラックボックス〟

本書で取りあげた数々の写真には、「西郷写真」と言われるだけの背景や根拠があることがわかった。火のない所に煙は立たぬの格言があるように、それぞれの写真には、西郷と繫がる細い糸が、確かに存在していた。

西郷が写真に写るチャンスは何度もあった。錦絵や絵画には残っている西郷の姿が、写真から完全に抹殺されてしまったのか。

幕末から維新にかけての写真技術の発達は、過去と決定的に違う、革命ともいうべき事態をもたらした――天皇の可視化である。

明治政府はこの写真をプロパガンダのツールとして、最大限に利用した。その象徴が天皇の御真影である。

だが、同時に写真は禁断の事実をもとらえる諸刃の剣だった。横須賀行幸のパパラッチ写真はまさに政府にとって写真の恐ろしさを痛感した出来事だったに違いない。

パパラッチ写真の天皇と九一の御真影の天皇の容貌がなぜ違うのか――その違いを明らかにすべく、橋本教授に鑑定を依頼したのだが、その結果は「第七章」で記したように、〝グレー〟の鑑定が出たのである。

しかし、謎が残ってしまった。

それは、皇位継承の〝ブラックボックス〟という禁断の箱の一部を写真が開けてしまったのではないかという疑念であった。

西郷はこの禁断の秘密を知っていたのではないだろうか。私は、ふと、そんなことを考えてしまった。

西郷の下野が、明治天皇の御真影が広まった明治六年であったことは偶然だろうか。

西郷は禁断の秘密を墓場まで持っていく覚悟を決めたのではないだろうか。

すり替え工作が存在していたとすれば、その事実を完全に闇に葬り去ることで、維新は本当の意味で成就する。西郷はそのために自身を人柱として、自ら明治政府に反旗を翻したのではないだろうか。

パパラッチ写真という爆弾

取材を通して痛感した事実は写真の持つ力とトリック性であった。

今から一四三年前のパパラッチ写真の背景がトリミングされ、松林に変わっているトリックは取材を通して初めて知った事実であった。

前著と本書において、橋本教授との共同作業で導き出した鑑定結果は、大きな意味を持つものと思っている。この鑑定結果をどう受け止め、どう解釈するかは読者の判断に委ねたい。

維新の最大の功労者であった「西郷隆盛」の写真だけが、いまだ発見されていないという事実——私は、この古くて新しい謎を解明すべく、「西郷写真」の存在を求めて、新たな取材を始めたのが、三年前の二〇一一年。スタートは上野の西郷さんの銅像前であった。

以来、二戸、大阪、下関、長崎、鹿児島といった日本各地をフィールドワークしながら写真、肖像画、錦絵などを実見したり、コピーを集めた。

また「西郷写真」に関心のある人たちにも会って話を聞き、その過程で数々の文献や資料にも当たってきた。

過去に「これぞ西郷写真」と喧伝された数々の写真を検証し、また橋本教授の科学的な根拠に基づく鑑定によって、新たな事実を掘り起こすことができた。

フルベッキ群像写真と大阪造幣寮前の写真というまったく接点のない写真が、法人類学によってリンクしたことには、私自身も驚いている。

だが、残念ながら、西郷の真正写真に辿りつくことはできなかった。

西郷の真正写真は、はたして存在しないのだろうか。私は取材を通して確信している――西郷の写真は必ず存在する、と。

私が西郷の写真が撮られた可能性があると考えているシチュエーションがある――それが、明治四年（一八七一年）十一月十二日、岩倉遣欧使節団の見送りのため、横浜に西郷が現れたときである。

錦絵に残された当時の横浜港は祝賀行事に沸いており、盗撮も容易だったはずだ。

スティルフリードのような外国人カメラマンが潜んでいても、その存在に気づく人間は

岩倉遣欧使節団の一行。写真左から、木戸孝允、山口尚芳、岩倉具視、伊藤博文、大久保利通……はたして、このなかにスティルフリードに横須賀造船所行幸の情報をリークした人間がいたのか……

いなかったのではないだろうか。

もしかすると、西郷の写真は、外国の古写真収集家の所持するアルバムのなかにひっそりと眠っているかもしれない。

ところで、横須賀行幸のパパラッチ写真の事実を日本側が察知したのは、使節団が横浜を出発してから一か月後のことである。

これはなぜか——私は使節団のなかに横須賀行幸の情報をスティルフリードにリークした人間がいたのではないかと睨んでいる。

岩倉遣欧使節団は、特命全

権大使・岩倉具視、副使・木戸孝允（桂小五郎）、大久保利通、伊藤博文、山口尚芳を筆頭とする総勢一〇七名である。

はたして、情報をリークしたのは、誰だったのか……。

そして、その人物はパパラッチ写真が騒動の発端となり、流出することも想定していたのではないか。

もし、仮に天皇のすり替えが行なわれていたとすれば、その決定的証拠をあのパパラッチ写真がとらえてしまった可能性がある。さらに本書では、橋本鑑定によって、すり替え説の新たな仮説を提示した。

定説であった践祚前のすり替えではなく、明治四年から明治六年という二年の間に、すり替えが行なわれたのではないだろうか。

遣欧使節団にいた何者かは、留守政府にやっかいな〝爆弾〟を置き土産として残し、旅立っていった。

そして、明治六年の使節団の帰国とともに「明治六年政変」が勃発し、西郷が下野したのは、はたして偶然だったのか。

それと、パパラッチ写真の比定作業も残っている。二十三人が写されたこの写真のなかに、はたして、西郷は写っているのか……。

本書で紹介した似顔絵や肖像画のなかで、私が最も西郷の特徴を表現していると推理するのが、鹿児島巡幸のときの西郷を描いた下絵である。

理由は、文書や資料に記された西郷の特徴と一致しており、また軍装も陸軍大将の正衣が正確に写生されている。この下絵も今後さらに調べる必要がありそうだ。


前著の続編という位置づけで編んだ本書は、一枚の写真が歴史に封印されてきた真実の一端を明らかにしたと、私は思っている。

そして、取材を通して何よりも実感したのは「写真の力」であった。

「写真の力」は、時の権力者によって最大限利用され、そしてその目論みは驚くほどの成果をあげてきた。まさに「写真の力」恐るべしである。


橋本教授には「明治天皇」「西郷隆盛」「大久保利通」、それと「スイカ西郷」と「マント姿の男」を比較鑑定してもらったが、「スイカ西郷」と「マント姿の男」は、結びつかなかった。

だが、この鑑定の過程で予期していなかった別の鑑定結果が出たのである。

「スイカ西郷」写真に写る六人のなかに「大久保利通」と酷似した人物が写されていたことであった。

橋本教授が比較鑑定に使った写真は、一般に公開されている大久保の写真である。

では、肝心の「スイカ西郷」写真に写る人物だが、否定派の人たちは再興重富島津家の侍医「小田原瑞苛」と同定している。しかし、前述のようにこの同定は証言を根拠としているため、決め手にはならず、また、瑞苛の墓碑文の解釈からは在京したという事実が証明されなかった。

橋本鑑定では「マント姿の男」との比較検証であったので、瑞苛と比定する材料は何もなかったのである。

とはいえ「マント姿の男」と「小田原瑞苛」と称される人物が、別人であることだけは、はっきりとした。

これも「法人類学」による鑑定結果の成果であったわけだ。

だが、疑問が残ってしまった。「小田原瑞苛」の肖像画や似顔絵が発見されておらず、「スイカ西郷」からだけでは、小田原瑞苛その人だと証明できないのである。

比較検証する材料が発見されれば、その疑問も払底されるわけなのだが……比定の根拠とされたのは、島津家の関係者の証言と瑞苛の墓石に彫られた碑文だけなのだ。

「フルベッキ群像写真」に眠る多くの謎

幕末から明治にかけて、上野彦馬は長崎で写真館を経営していた。当時、長崎は写真に関する先進県であったわけだ。長崎にも西郷の写真が埋もれている可能性があると私は考えている。西郷の長崎逗留――前出の宮川雅一は「西郷が長崎にあった薩摩の蔵屋敷に出入りしていた」と推測している。その事実が確認できれば、フルベッキ群像写真に写る「マント姿の男」が西郷であるという説も現実味を帯びてきそうだ。

西郷がどの時期に蔵屋敷に逗留していたのか。フルベッキ群像写真の撮影時期と符合すれば、マント姿の男＝西郷説も信憑性が増してくる。

三年の歳月を要した「西郷写真」の探索は、ひとまず、本書の報告でひと区切りつけることにした。振り返れば三年間は「西郷写真」に振り回されっぱなしであった。

古写真をめぐる私の旅が結局、フルベッキ群像写真に戻ってきたことは、決して偶然ではないのかもしれない。もしかすると、フルベッキ群像写真はいまだ多くの謎が眠る、幕末維新の真相を解き明かしてくれる古写真なのかもしれない。

かつて、この古写真ほど世間を騒がせた写真はなかったのではないか。上野彦馬は、その技術でこの写真が持つ秘された神秘性をも写しだしていたのかもしれない。

すでに述べたように、この写真の謎を解明しないかぎり、私の古写真の謎をめぐる旅は終わらない。

マント姿の男は、はたして西郷なのか――。

悲運の英雄・西郷隆盛。西郷が没してから、今年で一三七年という歳月が流れた。西郷のフェイク写真が初めて出現したのも、今から一三七年も前のことである。一三七年前から庶民は西郷の写真を求めていた。そして、いまなお、西郷の人気は高く、西郷は私たちを魅了して止まない。その事実を私は今回の取材を通して、痛感した。

そんな西郷の本当の顔を、私たちは、いつ見ることができるのだろうか。

前掲書『「ザ・タイムズ」にみる幕末維新』（皆村武一・中央公論社）によれば、西郷の死を同紙は二か月後、次のように報じたという。

西郷はもっとも優れた勇敢な、そして信頼された陸軍大将の一人であった。彼の死は、反乱軍（Rebel）の指導者であったにもかかわらず、すべての地方の人々によって悔やまれた

あとがき

本書は『怖い噂』（ミリオン出版発行の季刊誌、現在は廃刊）誌上で不定期で書いてきたルポに、新たに取材した最新情報を大幅に加えて編んだノンフィクション作品である。

私は、まず「西郷写真」と言われるものが、いつの時代から流布されるようになったのかを調べてみた。初めて「西郷写真」がこの世に現れたのは、明治十年（一八七七年）四月で一三七年も前のことであった。

この時代は西郷率いる士族部隊と政府の討伐部隊が衝突した「西南戦争」の最中で、永山弥一郎の写真が「西郷隆盛」の真正写真として、神戸駅で土産品として販売されていた。

写真を買い求めた客は、この永山写真を疑いもせずに「西郷の写真である」と信じて買っていったという。当時、「西郷隆盛」の真顔を知る者は庶民の間にはおらず、永山弥一郎を西郷と信じていたのである。

維新革命の中心勢力となった大久保利通、伊藤博文、板垣退助らは、政府の要職に就くと肖像写真を撮影しており、その容貌は知られていた。

だが、西郷の写真だけは世に現れていなかった。

維新三傑の一人であった西郷はなぜ写真を残さなかったのか――この素朴な疑問から、私の西郷写真発掘の取材が始まり、その間に、明治天皇のパパラッチ写真に巡りあうことができた。そして、疑問はさらに「明治天皇写真」の不可解さにつき当たり、天皇写真の検証へと取材は進んでいった。

そして、「明治天皇写真」の不思議さと西郷写真が世に現れない不可解さが、リンクしていることに気づいたのである。

明治天皇の容貌は時代とともに変化していた。

西郷は写真に写される機会はあったにもかかわらず、写真を残さなかった。

これまで、諸説が流布（私もそれらの説を検証してはいる）されてきたが、納得できる解答は得られなかった。

だが、取材を進めるうちに、西郷を描いた肖像画や錦絵、リトグラフが数多く存在していることがわかった。

それらの資料も集めて西郷の真顔を復元する作業も試みた。

この作業は「法人類学」による複数の資料（肖像画、写真）との比較検証であった。その鑑定結果は本書で論じた通りである。

「西郷写真」と喧伝され、世間を騒がせた写真が数多く世に存在していることを知ったのも取材の過程であった。だが、過去に発掘された「西郷写真」のほとんどは、発掘後の研究調査で「別人」であることが実証されてしまっている代物だ。

そこに、登場したのが「フルベッキ群像写真」だった。

この真正写真はフルベッキ親子を中心にして四十四人のサムライたちが写る写真で、このなかに「西郷隆盛」が写されていると、同定した作家がいた——加治将一氏である。

また、このフルベッキ群像写真には、後に明治天皇に〝すり替わった〟とされる人物「大室寅之祐」なる若侍が写っているとして話題を呼んだ。

明治天皇と西郷隆盛——この二人の関係は睦仁親王の践祚から始まり、天皇即位後も濃密な関係にあったことは種々の書物でも紹介されている。

またフルベッキ写真に写る「マント姿の男」は西郷で、睦仁親王の警護役として写真に写っていると、説く郷土史家もいるようだ。

写真に写る二人が「睦仁親王と西郷隆盛」であるとする確証はいまだ世に出ていないが、写真は時として〝トリック〟としても威力を発揮することは、フルベッキ写真が証明している。

いずれにしても、西郷写真のもつ磁力はたいしたものである。

次々と発掘されるフェイク写真や肖像画を追いかけて各地を飛び回ってきた。

しかし、新たな取材でも「西郷の真正写真」を目にすることはできなかった。

だが、西郷が「写真」に撮られていたと思われるロケーションは、推測することができた。

それが、岩倉遣欧使節団が横浜港を出発するときの〝盗撮〟写真の存在である。

私は本書で「歴史を封印する」ことに役立つのが、写真の力であることを論じてきた。

そして、写真がプロパガンダの強力な武器になることも書いてきた。

その始まりが天皇の横須賀行幸のパパラッチ写真であった。

撮影されたのは今から一四三年前のことである。

はたして、横浜港での盗撮写真は存在し、西郷はパパラッチ写真に写っているのだろうか？

写真の検証はまだ終わったわけではない。

だが、取材を通じて私が確信したことは、西郷の真正写真は必ず存在するということである。そして、西郷の写真を〝消した〟人間たちがいることであった。

その真正写真を私たちはいつ目にすることができるのか。これから先が楽しみである。

文中に登場するすべての方々の敬称は省略させていただいた。

また、本書の編集作業では、毎回私とペアを組んで仕事をしている、月刊『ムー』編集部所属の小塩隆之氏には大変お世話になった。

六章の「西郷隆盛」論考は、南九州市川辺町在住の知友で郷土史家の青屋昌興氏が著した『薩摩史談』（南方新社刊）を参考にして記述した。感謝に堪えません。

ここに、改めてお礼を申し上げる。

二〇一四年三月　梅咲きの春に上梓　著者・斎藤充功

文庫版あとがき

本書の元本『消された「西郷写真」の謎　写真がとらえた禁断の歴史』を学研パブリッシングから上梓したのは二〇一四年（平成二十六年）四月。それから六年が過ぎたが、四、五年前から「西郷隆盛」が写っているとされる軍人（二人は背広を着ている）の集合写真が話題になっていた（左頁写真）。この写真はドイツ人のレスリー・ヘルム氏が一族の歴史を書き綴った「Yokohama Yankee My Familys Five Generations as Outsiders in Japan」という出版物に載せたもので、保存していたのは横浜で商売をしていた五代前のジュリアス・ヘルム氏。そして、この写真の裏には人物名が書かれている（手書きではなくタイプ文字）。

八人の名は「後列左から乃木希典、大山巌、西郷隆盛、山縣有朋。前列左から川村純義、勝安房、ジュリアス・ヘルム、西郷従道」。軍人は陸軍の肋骨軍服を着ているが一人、海軍の川村が肋骨軍服を着ているのは解せない。撮影時期は一八七四

年（明治七年）で場所は陸軍省。
　そして問題の「西郷隆盛」は胸に旭日小授章と思われる勲章を付け、参謀肩章を吊っている。たぶん、陸軍省参謀局の勤務者であろう。日本に勲章制度が制定されたのは七五年（明治八年）に太政官で「勲章制定ノ件」（太政官布告第五十四号）が定められ勲章の種類も決められた。
　勲四等旭日小授章は軍人では中佐クラスに授与されている。それと、肝心の西郷は明治七年には鹿児島に帰省して東京にはいなかった。「陸軍大将」の階級が剝奪されるのは西南戦争時の明治十年二月であった。最高位の陸軍大将の西郷が立ち姿というのも合点がいかない。これらの身辺状況を踏まえれば西郷が、この集合写真に写っていることはあり得ないわけだ。

だが、数年に一度は「西郷の真正写真」と呼ばれる新たな写真が出現してくる。これは、大衆の「西郷願望」がいまだに根強い人気を物語る証左なのではあるまいか。次はいつの時代に「西郷写真」が世に出てくるのか楽しみだ。

そして今回、前作の「フルベッキ写真の正体」に続いて「西郷写真」の謎を追跡した作品を文庫版として刊行することになった。幕末から維新にかけての写真技術の発達は革命的事態をもたらした。その代表的な事例が「明治天皇」の可視化である。天皇が民衆の前に初めて姿を現したのは十五歳のときで、王政復古の大号令が発せられた慶応三年十二月二十七日（旧暦）、西暦一八六八年である。

場所は禁裏御所の内構を固める六つの門の東側に立つ建春門の外で、そのときから四年後の七十二年（明治五年）五月には宮城の紅葉山につくられたスタジオで、洋装の燕尾服姿を写真に撮らせていた（撮影者は内田九一）。十九歳のときであった。同年五月から始まった「西国・九州巡幸」に際して天皇は洋装姿で民衆の前に姿を現している。この巡幸には終始、西郷が近衛兵を統率して天皇に供奉しており、民衆も間近で西郷を実見しているのだが「写真」は残されていない。

唯一、描かれたのが西郷の特徴を写実したと思われる絵画である。天皇の巡幸は五十七日間にも及ぶ大旅行であった。

しかし、西郷と天皇の写真はいまだに発見されていない。なぜなのか。私は、この疑問を解くために「西郷写真探索」の旅に出た。各地で「リトグラフ、錦絵、肖像画」そして「西郷写真」と呼ばれる写真を見聞してきた。しかし、西郷の「真正写真」を発掘することはできなかった。

だが、取材の過程で「西郷」を撮った、あるいは描いたとされる数々の資料を実見する機会に恵まれ「西郷伝説」が流布されていることにあらためて関心が向いたのである。今年は西郷死して一四三年。永遠のヒーローは大衆のなかに生き続けている。

文庫化にあたり、今回も編集者の幣旗愛子さんには大変お世話になった。とくに〝歴史的事実と仮説の領域〟を、読者にどのように正確に伝えるかという難問を、見事な編集手腕でクリアにしてくれた。多謝である。

二〇二〇年六月。紫陽花の季節は著者の誕生月。上梓できたのは喜ばしい限りである。

著者・斎藤充功

主要参考文献

――書籍

『鹿鳴館秘蔵写真帖』（霞会館資料展示委員会編／平凡社）
『フルベッキ写真の正体　孝明天皇すり替え説の真相』（斎藤充功／二見書房）
『刑務所を往く』（斎藤充功／ちくま文庫）
『北海道集治監の沿革と事蹟』（札幌矯正管区編）
『日本近世行刑史稿（下）』（辻敬助／矯正協会）
『東京新繁昌記』（服部誠一／奎章閣）
『100年前の東京①東京繁昌記（明治前期）』（服部誠一／マール社）
『英傑たちの肖像写真（幕末明治の真実）』（渡辺出版）
『明治天皇とその時代　『明治天皇紀附図』を読む』（明治神宮監修・米田雄介編／吉川弘文館）
『明治天皇』（渡邊幾治郎／明治天皇頌徳会編）
『明治天皇の聖徳　重臣』（渡邊幾治郎／千倉書房）
『「ザ・タイムズ」にみる幕末維新』（皆村武一／中公新書）

『明治文化叢説』(尾佐竹猛／學藝社)
『西郷隆盛と明治維新』(坂野潤治／講談社現代新書)
『西郷隆盛の実像』(下竹原弘志／指宿白水館)
『西郷盗撮』(風野真知雄／新人物往来社)
『1億人の昭和史12　昭和の原点　明治　上』(毎日新聞社)
『銀板写真黙示録』(片山徹／eブックランド社)
『オーストリア外交官の明治維新(日本篇)』
(アレクサンダー・F.V.ヒューブナー／市川慎一・松本雅弘共訳／新人物往来社)
『大西郷　謎の顔』(芳即正編著／著作社)
『日本歴史写真帖(近古の巻)』(秋好善太郎／東光園)
『宮之城町史』(宮之城町史編集委員会編)
『島津図書久治及先世ノ事歴』(島津長丸／島津男爵家編輯所)
『明治天皇紀』(吉川弘文館)
『明治大帝』(飛鳥井雅道／筑摩書房)
『日本近代史の虚像と実像①』(藤原彰ほか／大月書店)
『白石正一郎日記　下関郷土資料②』(下関市市史編修委員会)
『英国外交官の見た幕末維新・リーズデル卿回想録』
(A・B・ミットフォード／講談社学術文庫)
『明治五年　明治天皇山口縣御巡幸記』(山口県編)

『幕末志士の死亡診断書』(酒井シヅ監修/エクスナレッジ)
『天皇暗殺　虎ノ門事件と難波大助』(岩田礼/図書出版社)
『実録・天皇記(新編集版)』(大宅壮一/だいわ文庫)
『日本写真史(上)』(鳥原学/中公新書)
『西郷金貨の謎・西南戦争の軍費問題と将星たち』(河野弘善/講談社出版サービスセンター)
『幕末　維新の暗号』(加治将一/祥伝社)
『ビジュアル版　幕末　維新の暗号』(加治将一/祥伝社)
『西郷の貌』(加治将一/祥伝社)
『Early Japanese Images』(テリー・ベネット/タトル社)
『薩摩史談』(青屋昌興/南方新社)
『LIVE講義　北朝鮮入門』(礒﨑敦仁・澤田克己著/東洋経済新報社)
『龍渓閑話』(矢野龍渓/大阪毎日新聞社)

雑誌

『歴史読本』(新人物往来社)

『日本歴史』（吉川弘文館）
『新旧時代』（文化生活研究會）
『うえの』（上野のれん会編）
『ながさき歴史散策』（長崎さるく）

新聞

『大阪新聞』
『中外新聞』
『大阪毎日新聞』

西郷隆盛と思われる写真と肖像画の鑑定

第Ⅰ章　緒　言

平成 25 年 3 月 28 日に、斎藤充功氏は、東京歯科大学法人類学研究室　教授　橋本正次に対し、西郷隆盛と思われる写真と似顔絵につき、下記事項の鑑定を嘱託した。

そこで、上記橋本正次はこれを諒承し、必要なる検査を行い、その結果に基づいて本鑑定書を作成した。

記

嘱　託　事　項

1　鑑定資料

資料１　写真　　　２枚

（但し、隊列とその前に立つ３人の姿がされているもの、及びその３人の拡大写真である。

検査対象は、隊列の前に立つ３人のうちの中央の人物。）

資料２　似顔絵　　　２枚

（但し、掛け軸のようなものに描かれた、座っている西郷隆盛の似顔絵と、その似顔絵の上半身の拡大画像。）

2　鑑定事項

（1）資料１の検査対象人物は、資料２の似顔絵の西郷隆盛と同一人か否か。

（2）その他参考事項。

以上

第Ⅱ章　検査記録

1　資料１に関する所見

本資料は、隊列とその前に立つ３人の姿がされている写真と、その３人の拡大写真である。これらの写真を、図１に示している。検査対象は、隊列の前に立つ３人のうちの中央の人物（図１の赤矢印）であるという。そこで、この中央の人物の強拡大画像も、図１の下段右に示した。

検査対象人物は、並んでいる３人の中では最も背が高いと推察されるが、その身長を推定することはこの画像のみではできない。頭顔面部について、頭部は帽子を被っているためにその特徴を観察することはできない。顔面部については、眼から下方、顎の先端まで、鮮明度は低いものの、その特徴を観察することは可能である。これらの特徴については、本章の比較の項で必要に応じて述べる。

2　資料2に関する所見

本資料は、掛け軸のようなものに描かれた座位の西郷隆盛といわれる似顔絵と、その似顔絵の上半身の拡大画像の2枚である。これらを、図2に1と2の番号を付して示している。

似顔絵にみるこの人物の頭顔面部の特徴として、顔形は方円形で、左右の眉は太く、また密度も濃いことが観察できる。その他として、鼻背や鼻尖部形状、頬骨下部や頬部の形状なども観察可能であり、これらについても本章の比較の項で必要に応じて述べる。

3　資料1の検査対象人物と資料2の似顔絵の西郷隆盛の比較に関する所見

資料1の検査対象人物と資料2の似顔絵の西郷隆盛の比較結果については、図3に示した通りである。比較は、顔部品の配置状態と顔面部の形態的特徴について行った。

まず、資料1の人物に推察、あるいは観察される頭頂部から鼻尖部、鼻下部、口裂部、下顎下縁部を通る水平線を引き、その線が左右に並置した資料2の似顔絵の人物の顔面上で通過する位置との比較を行った。これは、解剖学的指標の上下的位置関係の比較ということになる。

次に、似顔絵の人物の右眼、右眉の眉頭、左眼、左眉の眉尻を通る上下の線を引き、その線が上下に並置した資料1の検査対象人物の顔面上で通過する位置との比較である。これは、解剖学的指標の左右的位置関係の比較である。

比較した二者の向きが酷似していることを考えて、その類似性を検討したが、上下的位置関係の比較で黄色の線で結んでいる部位が大きく異なっている。左右的位置関係においては、大きな差は認められないものの、左の外眼角の位置が僅かに異なっていることがわかる。もちろん、撮影方向の影響や似顔絵という特殊性によるものの影響も考えられるが、頭頂部や下顎下縁がほぼ一致していることを考慮すれば、その違いは有意であると考えるのが妥当であろう。

また、左頬骨部下方から頬部にかけての顔面皮膚において、資料1の検査対象人物には深い窪みが観察されるのに対し、資料2の似顔絵の人物にはそのような特徴を示す影のような描写は認められない。また、口唇周囲の隆起の特徴も、両者で異なっている。

以上の所見を併せ考えれば、資料1の検査対象人物と資料2の似顔絵の西郷隆盛は別人であると判断するのが妥当であろう。

4　資料1の検査対象人物及び資料2の西郷隆盛の似顔絵と、フルベッキの写真上の西郷隆盛といわれる人物及び西郷隆盛の弟である西郷従道の写真との比較に関する所見

参考事項として、「レンズが撮らえた幕末維新の志士たち」（小沢健志監修、山川出版社、2012年）の14から15頁と169頁に掲載されているフルベッキの写真上の西郷隆盛（図4の赤矢印の1）と西郷隆盛の弟である西郷従道といわれる人物（図4の赤矢印の2）及び西郷隆盛の弟である西郷従道の写真（図5）を用い、資料1の写真上の検査対象人物と資料2の似顔絵の人物との比較を行った。その結果が、図6と図7に示している。

図６の上二段は、資料１の写真上の検査対象人物とフルベッキの写真上で西郷隆盛といわれる人物の比較である。両者の比較において、鼻尖が前方に突き出た形状（赤矢印の 1）や下唇が上唇に比して僅かに出ている形状（赤矢印の 2）、幅の狭い顎先（赤矢印の 3）、左頬骨部の下方の顔面皮膚に見られる比較的深い窪み（赤矢印の 4）、そして左口角の外側の膨らみ（赤矢印の 5）などの特徴が矛盾なく一致、あるいは酷似しており、明らかな相違は認められない。

以上の所見から判断すれば、両者は同一人の可能性が非常に高いと考えるのが妥当であるということになろう。

図６の下二段は、資料２の似顔絵の人物とフルベッキの写真上で西郷隆盛といわれる人物の比較である。資料２の似顔絵の人物の鼻尖が丸みを帯びているのに対し、フルベッキの写真の人物は先端が尖っている（赤矢印の 6)。顎先についても前者が丸みを帯びているのに対し、後者にはその丸みが観察されない（赤矢印の 7)。また、左耳の耳垂は、前者が中間型で描かれているのに対し、後者は典型的な密着型である（赤矢印の 8)。加えて、左頬骨部下方の顔面皮膚上の形状が全く異なっている（赤丸囲い)。

以上の所見からは、資料２の似顔絵の人物とフルベッキの写真上で西郷隆盛といわれる人物は別人であると判断するのが妥当であろう。

次に、図７の上二段では資料２の似顔絵が西郷隆盛を正確に描いているのか否かを検討するために、西郷隆盛の弟である西郷従道の写真との比較を行った結果を示している。両者ともに、眉は太く、その密度も非常に濃いことが観察できる（赤矢印の 1)。また、いわゆる鼻筋が通り、鼻根部が前方に出たまま眉間部に達している特徴も、両者に認められる（赤矢印の 2)。頬骨部下方の顔面皮膚上に顕著な窪みもなく（赤矢印の 3)、耳垂の形状も中間型で酷似している（赤矢印の 4)。さらに、顎先に同じ赤線の円弧を重ねても、両者に全く矛盾がない。もちろん、両者は別人であることは明らかであり、その違いは頭髪の生え際や外眼角などの形状、鼻翼の形状などに観察できる。しかしながら、非常に似た特徴も観察されることから、遺伝的な関係のある人物の可能性は考えられる。この結果から、資料２の似顔絵が西郷隆盛の特徴をある程度は描いているものと推察される。

しかしながら、図７の下二段で比較しているように、フルベッキの写真上で西郷従道といわれる人物と同人の写真では、左眉尻の位置（赤四角囲いと赤矢印の 5）や鼻根部の形状（赤矢印の 6)、左口角部の外側の皮膚上の膨らみの有無（赤矢印の 7）などで異なっている。顎先の形状も異なっている。つまり、両者は別人と考えるのが妥当であろう。

以上に述べたように、資料２の似顔絵の人物が西郷隆盛の特徴を含めて描かれているものと推察されることをもとに、本章の３で述べた結果と本項の図６で述べた結果を併せ考えても、資料１の検査対象人物と資料２の似顔絵の西郷隆盛は別人であると判断するのが妥当であろう。

第Ⅲ章　説　明

1　異なる画像上に撮影されている人物の異同識別においては、頭顔面部の特徴や全身的な特徴の比較が行われる。頭顔面部の比較では、比較される二枚の画像がほぼ同じ条件で撮影され、かつ鮮明度が高いことが理想である。

本件の場合、比較する二者の向いている方向は酷似しているものの、資料２が似顔絵であり、従ってその絵の信頼性、つまり本人をどこまで忠実に描いているかが、資料１との同一性を判断するうえ重要になる。その検討を、似顔絵の人物とその人物の弟の写真で行っている。一方、資料１の人物が写っている写真の鮮明度は低い。しかし、画像の強調処理により、顔面部の特徴を観察することは可能であった。

２　頭顔面部の特徴の比較は通常、その長さを含めて髪型や髪質、頭や顔の輪郭、額や頬の状態、さらには眉や眼、鼻、口、耳等、いわゆる顔部品の形態的特徴について行う。また、撮影方向が酷似している場合には、これらの顔部品の顔面上における位置関係の照合も検討する。一方、全身的な特徴については身長や体格、プロポーション、資料が映像の場合には歩き方などの動きを比較することもある。さらには、比較される人物の着衣や所持品などの照合も行う。

本件の場合、本章の１で述べたように比較する一方の画像（資料１）の鮮明度が悪く、観察できる頭顔面の特徴部位も少ないという不利があったが、いずれにおいても比較できる特徴はあった。そして、その比較においては両者には明らかに説明のできない相違が認められた。

３　異なる画像上の人物の比較の結果として、同一人と考えて差し支えない、あるいは同一人である可能性が極めて高いと判断するためには、それぞれに固有の特徴が一致するか、あるいは集団内において稀ないくつかの特徴が一致している必要があると考える。例え、一致する特徴が多く認められたような場合でも、それらの特徴が集団内において比較的一般的なものである場合や、本人に固有と思われる特徴が一致していてもその数が少ないような場合には同一人の可能性が非常に高い、あるいは同一人の可能性が高いと判断することになる。なお、「可能性が高い」という表現については、「可能性がある」としてもその意味は同じである。一方、両者に明らかな相違が認められれば、両者は異なると判断すべきである。明らかなという意味は、撮影時期や撮影条件などの違いを考慮しても説明のできない相違ということである。

本件の場合も上記基準に沿って判断したものである。

第Ⅳ章　鑑　定

前章の結果から次の如く鑑定する。

（１）資料１の検査対象人物は、資料２の似顔絵の西郷隆盛と別人であると判断するのが妥当であろう。

（２）その他参考事項、前章参照。

本鑑定に要した期間は、平成25年3月28日から平成25年8月28日に亘る計154日である。

平成25年8月28日

東京歯科大学法人類学研究室
教　授　　　橋本　正次

図１　資料１の写真と写真上の検査対象人物の拡大画像（矢印）

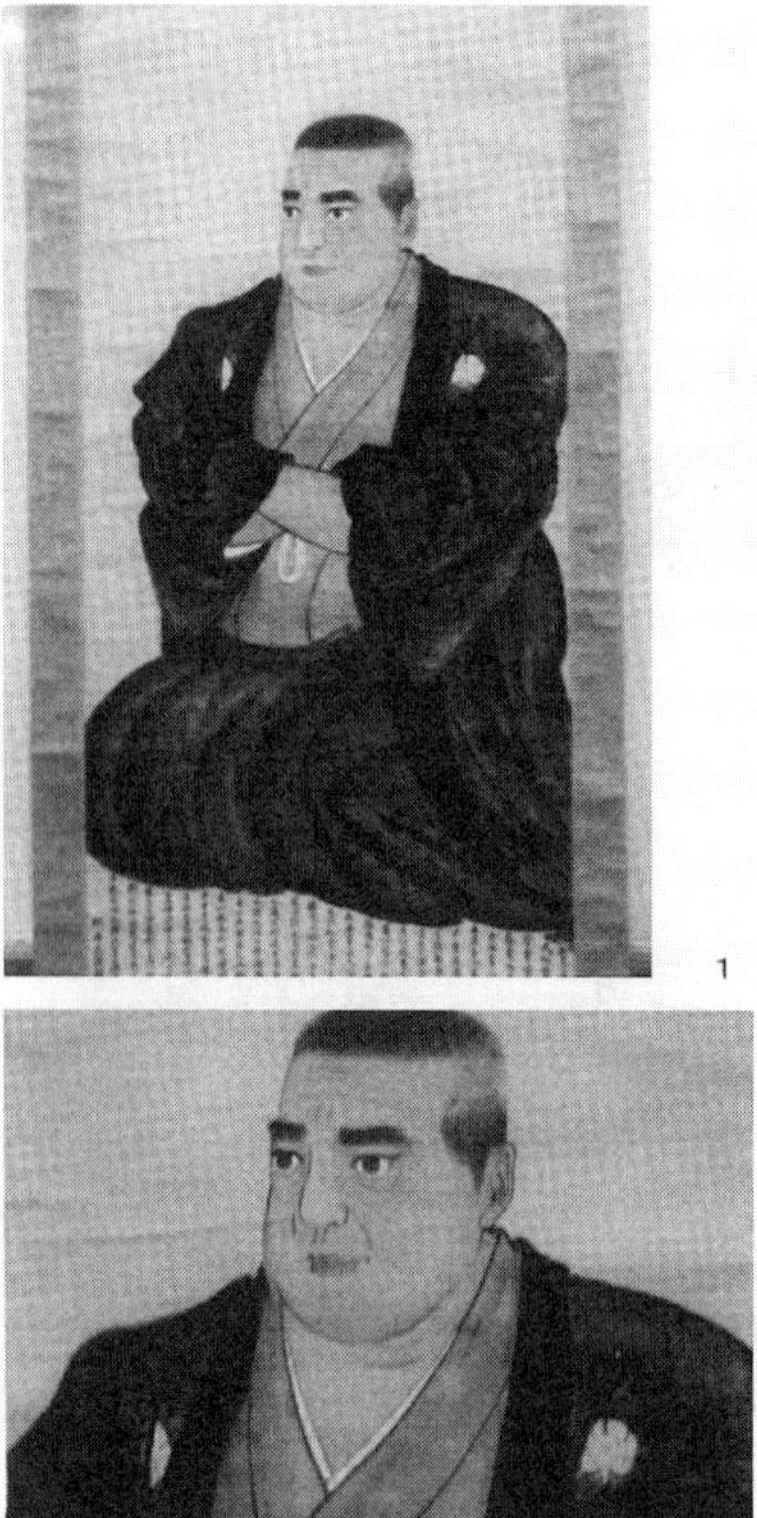

1

2

図２　資料２の西郷隆盛の肖像画

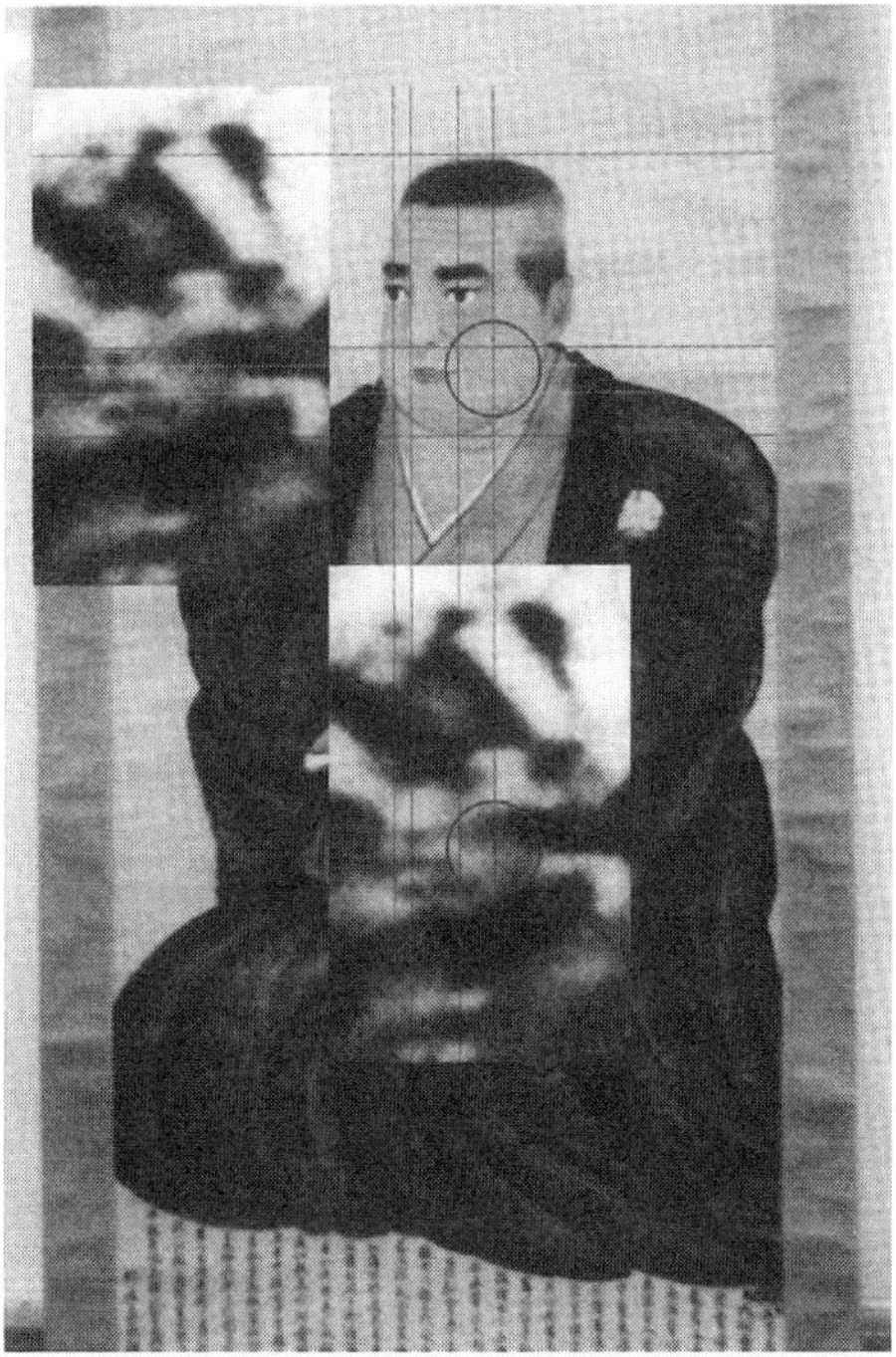

図３　資料１の検査対象人物と
資料２の西郷隆盛の肖像画の比較

図4　参考資料のフルベッキの写真と
西郷隆盛（1）、西郷従道（2）といわれる人物の拡大画像

図５　参考資料の西郷隆盛の弟である西郷従道の写真と
拡大画像

図６　資料１の写真及び資料２の似顔絵と参考資料のフルベッキの写真上の西郷隆盛といわれる人物の写真の比較

図7　資料２の似顔絵及び参考資料のフルベッキの写真上の西郷従道といわれる人物の写真と参考資料の西郷従道の写真の比較

明治天皇および西郷、大久保の写真に関する鑑定書

第Ⅰ章　緒　言

平成 26 年 1 月 31 日に、斎藤充功氏は、東京歯科大学法人類学研究室　教授　橋本正次に対し、写真上の人物の異同識別について、下記事項の鑑定を嘱託した。

そこで、上記橋本正次はこれを諒承し、必要なる検査を行い、その結果に基づいて本鑑定書を作成した。

記

嘱　託　事　項

1　鑑定資料

資料1　写真　　1枚

(但し、明治天皇を盗撮したといわれるもの。
検査対象は、画面の右側下方に写っている白装束の人物。)

資料2　写真　　1枚

(但し、明治6年に明治天皇を皇城で撮影したもの。)

資料3　写真　　1枚

(但し、通称、「すいか西郷」写真といわれるもの。
検査対象は、①写真の右から二番目に撮影されている椅子に座っている人物と、②写真の右端に立っている人物。)

資料4　写真　　1枚

(但し、フルベッキ群像写真で、検査対象は後列ほぼ中央にマント様のものを着て立っている人物。)

資料5　写真　　1枚

(但し、インターネットよりダウンロードした、大久保利通のもの。)

2　鑑定事項

(1) 資料1の検査対象人物は、資料2の写真上の人物と同一人か否か。

(2) 資料3の①の検査対象人物は、資料4の検査対象人物と同一人か否か。

(3) 資料3の②の検査対象人物は、資料5の検査対象人物と同一人か否か。

(4) その他参考事項。

以上

第Ⅱ章　検査記録

1　資料1に関する所見

本資料は、明治天皇が盗撮されたといわれる写真1枚である。図1の上段には資料写真を、そして下段には画面の右側下方に写っている明治天皇といわれる白装束の人物部分を拡大したものと、その人物の頭顔面部を拡大したものを示している。

資料写真では、白装束の人物の周囲に立ったり、座ったりしている黒っぽい服を着た十人以上の人物が観察できる。これらの人物の顔面部を見ると、その見ている方向は様々である。

画面左下方には、明るい色調の正装姿の人物も観察できる。

検査対象人物については、眼窩上部や眉、眼、鼻、口、顎などの顔部品の形状を観察することができる。また、耳についても、耳介部分の輪郭は推察可能である。これらの部位の特徴については、本章の比較の項で必要に応じて述べる。

2　資料2に関する所見

本資料は、明治6年に明治天皇を皇城で撮影したという写真1枚である。資料画像を、図2に1の番号を付して示している。その右には、頭顔面部の拡大画像、下段にも顔面部の強拡大画像を示している。

この写真からは、眼窩上縁に沿って、その下方を走行する密度の濃い眉の特徴を観察することができる。その上下幅が比較的高いため、左眼において内眼角部と眉頭下端の間が狭くなっている。

鼻部については、左の鼻翼の外側への張り出しが弱く、また丸みを帯びた膨らみも観察されない。口ひげは、人中の左右外側で鼻孔の下方から始まり、外側下方、口角の方向に直線状に蓄えられている。その密度は、比較的薄い。口部は、下唇が比較的厚く、その下方の窪みも比較的深いように観察できる。顔面部輪郭は上下に長く、左頬部の皮膚には目立った凹凸が認められない。左耳の形状、特に耳垂や対輪の形状などは比較的明瞭に観察できる。

以上に述べた特徴については、本章の比較の項で必要に応じて述べる。

3　資料3に関する所見

本資料は、通称、「すいか西郷」写真といわれる写真1枚であるという。資料の原本は、図3の1に示している。この写真には6人の人物が撮影されている。

検査対象は、写真の右から二番目に撮影されている椅子に座っている人物と、写真の右端に立っている人物であるという。これらの人物を、図3の下段の左と右に拡大して示している。両者ともに、僅かに左斜め前方観における頭顔面部の特徴が観察可能である。これらの特徴についても、それぞれの人物の比較の項で必要に応じて述べる。

4　資料4に関する所見

本資料は、フルベッキ群像写真といわれているもので、図4の1に示している。写真の中央に風貌から明らかに外国人と思われる人物と、画面ではその左側に子供が写っている。この二人を含めて撮影されている人物は総勢で46人いる。

検査対象は、後列ほぼ中央にマント様のものを着て立っている人物であるという。この人物の弱拡大、及び頭顔面部の強拡大画像を、図4の下段に示している。

顔面部においては、眉は眼窩上縁に沿って走行し、その上方に眼窩上隆起の僅かな膨らみが観察できる。鼻背は直線的である。口部は僅かに前方に突き出ており、下顎下端の幅は比較的狭い。顔面皮膚については、頬骨部から頬部の外側に顕著な窪みが認められる。左耳の形状についても、写真の鮮明度も比較的良いために観察が可能である。

これらの特徴についても、本章の比較の項で必要に応じて述べる。

5　資料5に関する所見

本資料は、インターネットよりダウンロードした、大久保利通のものといわれる写真1枚である。原本を、図5の1に示している。写真はセピア色っぽい色調を呈している。頭顔面部は比較的鮮明であるために、拡大画像からでもその特徴は観察可能である。頭顔面部、顔面部、及び左耳の拡大画像も図5に示している。

眉や鼻背、顎、耳などの形状は観察可能であり、これらの形状についても比較の項で必要に応じて述べる。

6　資料1の検査対象人物と資料2の写真上の人物の比較に関する所見

資料1の検査対象人物と資料2の写真上の人物の比較結果を、図6に示している。両者において、眼窩上縁の下方に沿って走行する眉の形状やその上方の眼窩上隆起の形状（赤矢印の 1）に矛盾は認められない。眉の密度、すなわち濃さにおいては、資料1の検査対象人物は薄く、また細く見えるが、屋外の明るいところで撮影されたことや、俯角で撮影されたために同部位の鮮明度が落ちていることを考慮すれば、この相違をもって別人と考えるのは危険であろう。赤矢印の2で示した下唇下方の顕著な窪みや、下唇の厚さも両者で酷似している。顎先の細く、逆三角形状の形状（赤矢印の 3）や左右の揉み上げの下端の位置（赤矢印の 4）についても両者に矛盾は観察されない。顎ひげや口髭は後で生やしたり、剃ったりできるため、この相違をもって別人と判断することもできない。

従って、以上に述べた所見では両者を別人と判断することができないということになり、比較結果としては同一人の可能性が高いと判断するのが妥当であろう。

7　資料3の①の検査対象人物と資料4の検査対象人物の比較に関する所見

資料3の①の検査対象人物と資料4の検査対象人物の比較結果を、図7に示している。

両者の顔面部の特徴を比較すると、眉の走行方向（赤矢印の 1）は明らかに異なっている。資料3の①の人物は上方に大きく円弧状を呈しているのに対し、資料4の検査対象人物では眼窩上縁に沿って上方に緩やかな円弧を描きながら走行している。顎先の形状（赤矢印の 2）についても、非常に横長の円弧状を呈している資料3の①の人物に対し、資料4の検査対象人物は幅が狭いと推察される。万人不同で終生不変という特徴を持ち、個人識別に極めて有効であると国際的にも認められている耳のについても、耳垂の形状が明らかに異なっている。すなわち、資料3の①の人物は中間型であるのに対し、資料４の人物は密着型である（赤丸囲い）。

以上に述べた特徴は本人固有性が高いものであり、それらの特徴において両者で説明のできない相違が存在していたということは、資料３の①の検査対象人物と資料４の検査対象人物は別人であると判断するのが妥当であるということになる。

８　資料３の②の検査対象人物と資料５の検査対象人物の比較に関する所見
資料３の②の検査対象人物と資料５の検査対象人物の比較結果については、図８に示している。両者において、左右の眉の走行やその下方の眼との位置関係、眼の形状などは両者で極めて酷似している（赤矢印の１から4）。下唇の前方への突出形状やその下方のオトガイ部の窪み（赤矢印の5）、前方に突出している顎先の形状（赤矢印の6）なども両者で一致、あるいは酷似している。耳の形状では、耳垂の顔面皮膚への付着形態が中間型であること（赤矢印の7）、耳垂が前方に向いて平坦になっているように観察できること（赤矢印の8）、珠間切痕が耳介の比較的上方にあり、耳珠と対珠の幅が狭く、下方が尖っていること（赤矢印の9）、そして耳甲介部分から外耳孔への窪みの形状（赤矢印の10）などが両者で極めてよく一致、あるいは酷似していることが観察できる。

図８の下段では、人物部を同じ大きさになるように拡大し、重ね合わせ法により比較した結果を示している。左側が重ね合わせる前の画像、右側が重ね合わせた画像である。両者は、撮影方向や角度などを考慮すれば全く矛盾なく重なり合っているといえる。

ただ、相違点としては下顎の前方部分の高径が、資料３の②の人物の方が高いように観察できる。しかしながら、この相違は口の開閉の相違に起因するもので、高径を比較すると別人と判断しなければならないような、明らかな相違は認められない。

以上の所見を併せ考えれば、資料３の②の検査対象人物と資料５の検査対象人物は、同一人の可能性が極めて高いと判断するのが妥当であろう。

第Ⅲ章　説　明
１　異なる画像上に撮影されている人物の異同識別においては、頭顔面部の特徴や全身的な特徴の比較が行われる。画像鑑定においてはまず、比較する二者が別人であるという仮説を立てる。その理由は、両者が別人であることの証明は比較的容易であるからである。つまり、一か所でも説明のできない相違があれば判断が下せる。
一方、同一人であると判断することは非常に難しい。つまり、観察できる特徴が少ない場合において、それらに矛盾がない場合でも、同一人の可能性が高いということになる。また、比較する情報が多く、その中には本人固有性の高いものがあれば、両者は同一人の可能性が非常に高い、あるいは極めて高いということになる。

従って、別人であるという判定を先に行うことには、上述したような意味があるということになる。

次に、比較する画像であるが、これは両者の撮影条件が同じ、あるいは酷似していることが望ましい。

本件の場合、撮影条件が酷似している画像も含まれており、そのような画像を用いた検査鑑定においてはその信頼性は非常に高いものと考えられる。

2　頭顔面部の特徴の比較は通常、その長さを含めて髪型や髪質、頭や顔の輪郭、額や頬の状態、さらには眉や眼、鼻、口、耳等、いわゆる顔部品の形態的特徴について行う。また、撮影方向が酷似している場合には、これらの顔部品の顔面上における位置関係の照合も検討する。一方、全身的な特徴については身長や体格、プロポーション、資料が映像の場合には歩き方などの動きを比較することもある。さらには、比較される人物の着衣や所持品などの照合も行う。

本件の場合も、比較する二者間で、本人固有性の高い特徴の比較が可能なものについては、その比較を用いている。その方法として、重ね合わせ法と並置法がある。撮影条件が酷似しているような場合には、通常前者を用いている。

3　異なる画像上の人物の比較の結果として、同一人と考えて差し支えない、あるいは同一人である可能性が極めて高いと判断するためには、それぞれに固有の特徴が一致するか、あるいは集団内において稀ないくつかの特徴が一致している必要があると考える。例え、一致する特徴が多く認められたような場合でも、それらの特徴が集団内において比較的一般的なものである場合や、本人に固有と思われる特徴が一致していてもその数が少ないような場合には同一人の可能性が非常に高い、あるいは同一人の可能性が高いと判断することになる。なお、「可能性が高い」という表現については、「可能性がある」としてもその意味は同じである。一方、両者に明らかな相違が認められれば、両者は異なると判断すべきである。明らかなという意味は、撮影時期や撮影条件などの違いを考慮しても説明のできない相違ということである。

本件の場合も上記基準に沿って判断したものである。

第Ⅳ章　鑑　定

前章の結果から次の如く鑑定する。

（1）資料１の検査対象人物は、資料２の写真上の人物と同一人の可能性が高いと判断するのが妥当である。

（2）資料３の①の検査対象人物は、資料４の検査対象人物と別人であると判断するのが妥当である。

（3）資料３の②の検査対象人物は、資料５の検査対象人物と同一人の可能性が極めて高いと判断するのが妥当である。

（4）その他参考事項、前章参照。

本鑑定に要した期間は、平成 26 年 1 月 31 日から平成 26 年 2 月 26 日に亘る計 27 日である。

平成 26 年 2 月 26 日

東京歯科大学法人類学研究室
教 授　　橋本　正次

図１　資料１の明治天皇を盗撮したといわれる写真と
同写真上の検査対象人物の及びその頭顔面部の拡大画像

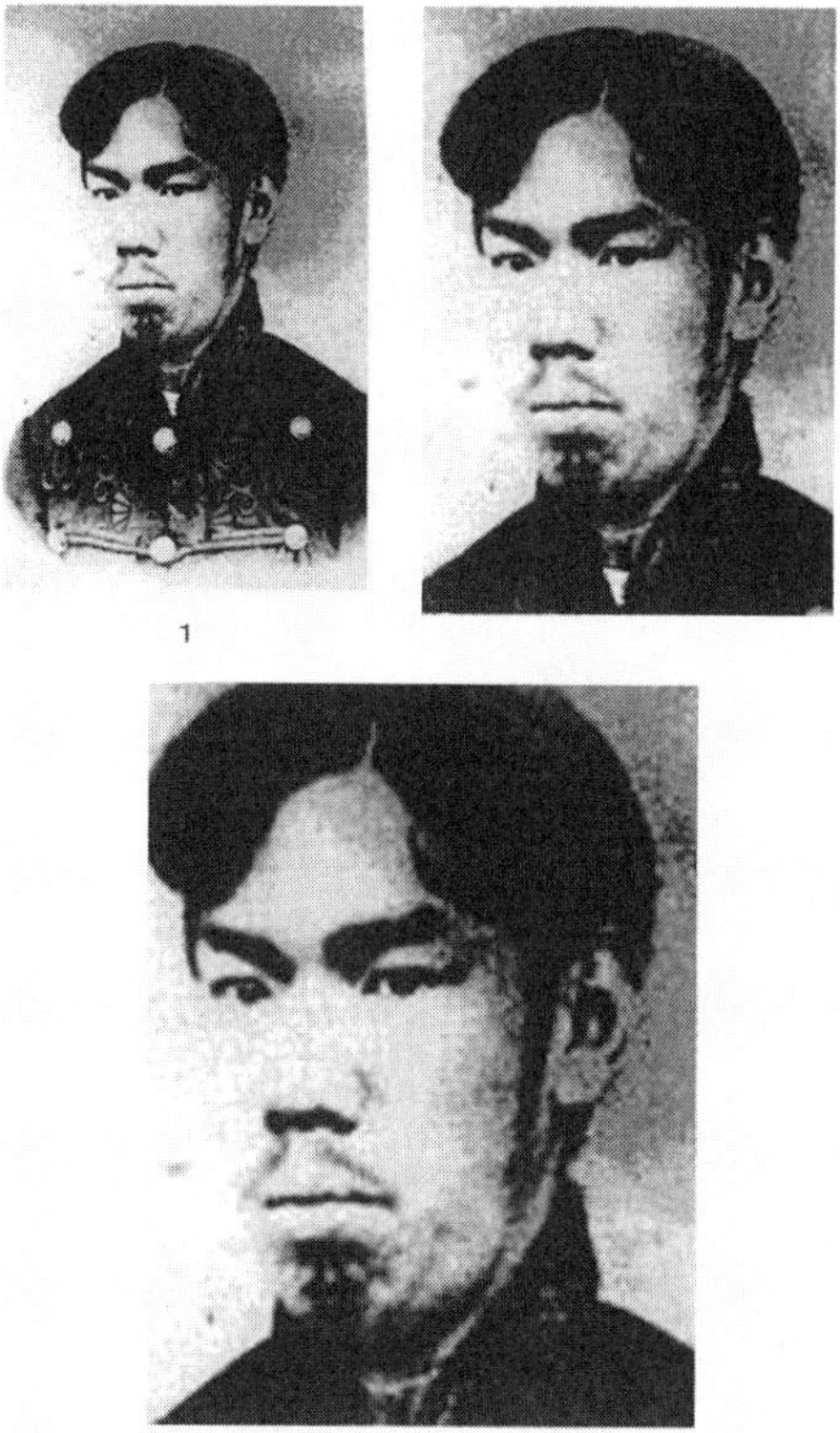

1

図2　皇城で撮影したという明治天皇の写真と
頭顔面部の拡大画像

1

図3　通称、「すいか西郷写真」といわれる写真と
同写真の右から二人目と右端の人物の拡大画像

1

図４　資料４のフルベッキ群像写真と後列ほぼ中央に
マント様のものを着て立っている人物の拡大画像

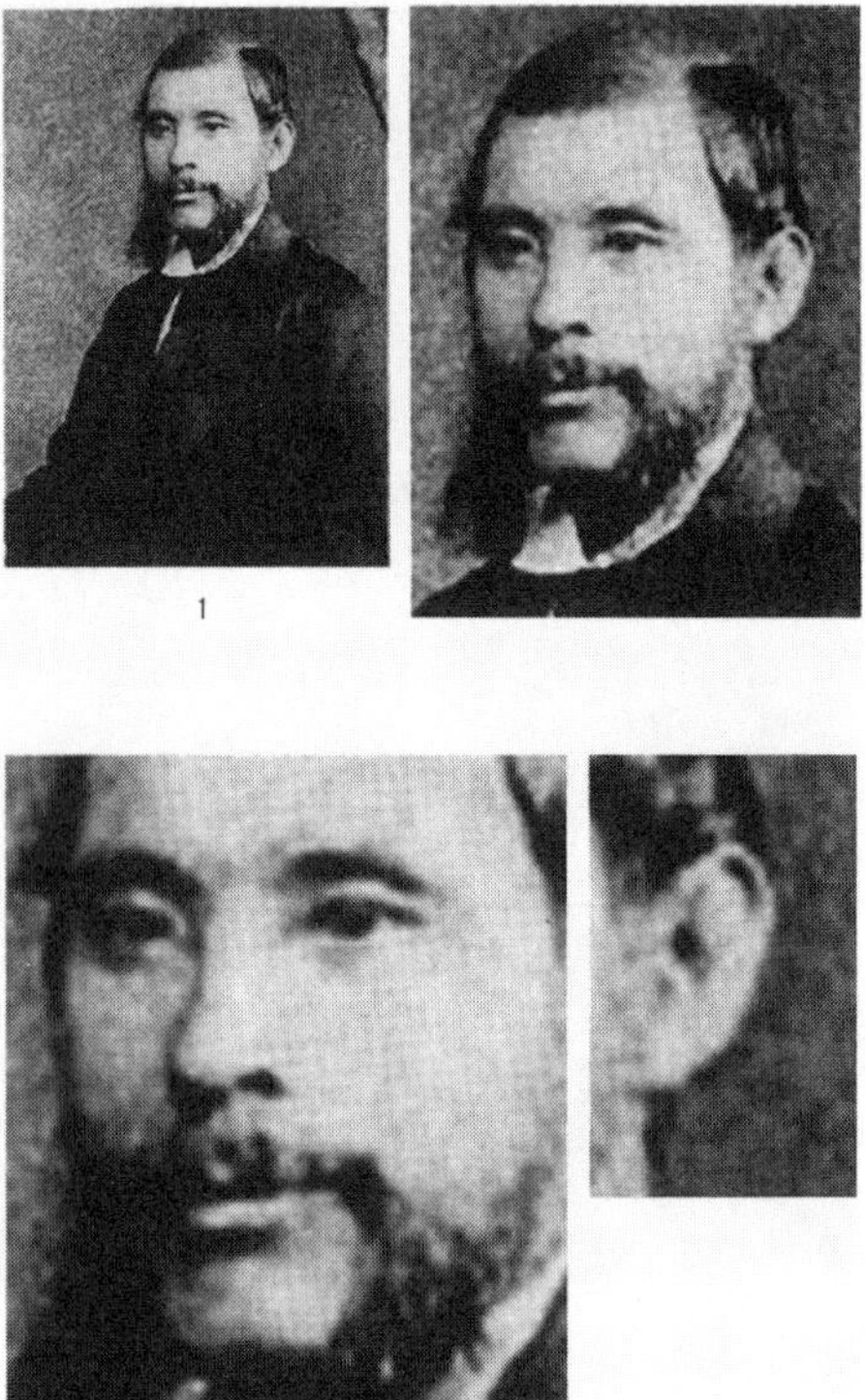

図５　資料３の大久保利通の写真（インターネットより）と
頭顔面部及び顔部品の拡大画像

資料１の写真

資料２の写真

図６　資料１の検査対象人物と資料２の写真上の人物の比較

資料３の写真

資料４の写真

図７　資料３の①の検査対象人物と
資料４の検査対象人物の比較

図8　資料3の②の検査対象人物と
資料5の検査対象人物の比較

西郷隆盛・簡略年表

文政十年（一八二七年）	十二月	西郷隆盛、生まれる（幼名・小吉）
文政十三年（一八三〇年）	八月	大久保利通、生まれる（幼名・正袈裟）
天保四年（一八三三年）		西郷、松本覚兵衛に儒学を学ぶ
		天保の大飢饉
天保六年（一八三六年）	十一月	坂本龍馬、生まれる
天保八年（一八三七年）	二月	大塩平八郎の乱
天保十年（一八三九年）		西郷、右ひじを負傷。剣術をあきらめる
天保十二年（一八四一年）		水野忠邦の「天保の改革」
		西郷、元服し、吉之助隆永となる
弘化三年（一八四六年）		孝明天皇、即位
弘化四年（一八四七年）		西郷、郷中の二才頭となる
嘉永三年（一八五〇年）		西郷、農政に関する建白書を提出
		お由羅騒動
嘉永四年（一八五一年）		島津斉彬、藩主となる
嘉永五年（一八五二年）		西郷、伊集院直五郎の娘スガと結婚

嘉永六年（一八五三年）	六月	十二代将軍・家慶、没
	七月	ペリー浦賀に来航
	十月	家定、十三代将軍となる
安政元年（一八五四年）		西郷、島津斉彬と初めて対面
		江戸・高輪藩邸でお庭方役となる
		西郷、水戸藩邸で藤田東湖と会う
安政二年（一八五五年）		西郷、斉彬の命で慶喜擁立工作に奔走する
		西郷、橋本左内と会う
安政三年（一八五六年）	十一月	篤姫、将軍家定に輿入れ
安政四年（一八五七年）		吉田松陰、松下村塾を開く
		西郷、徒目付に昇進
		西郷、熊本の長岡監物と会う
	十一月	下関の白石正一郎宅に逗留
安政五年（一八五八年）	四月	井伊直弼、大老に就任
	七月	十三代将軍・家定、没
		島津斉彬、没
	九月	安政の大獄
	十月	家茂、十四代将軍となる

安政六年（一八五九年）	十一月	西郷、月照入水。西郷は助かる
		西郷、奄美大島龍郷に身を隠す
		吉田松陰、橋本左内、処刑される
		西郷、愛加那と結婚
安政七年（一八六〇年）	三月	桜田門外の変
文久元年（一八六一年）		西郷に召還命令が出る
文久二年（一八六二年）		西郷、藩主・島津久光の上京に反対
		寺田屋騒動
	六月	西郷、徳之島へ遠島
	八月	西郷、沖永良部へ遠島
文久三年（一八六三年）	七月	薩英戦争
元治元年（一八六四年）	二月	久光、西郷を呼び戻す
	七月	第一次長州征討
	八月	西郷、京都で坂本龍馬に会う
	九月	西郷、大阪で勝海舟に会う
	十二月	西郷、土方久元、中岡慎太郎と下関で会談
慶応元年（一八六五年）		リンカーン暗殺される
		西郷、坂本龍馬と会見。長州の武器を薩摩藩名義で購入

		することを承諾(銃七三〇〇挺)
慶応二年(一八六六年)	一月	薩長同盟成立
		西郷、パークス英国公使と会談
	六月	薩摩藩の六人、米国へ密航留学
	七月	十四代・家茂、没
	十二月	慶喜、十五代将軍となる
		西郷、アーネスト・サトウと会談
		孝明天皇、薨去
慶応三年(一八六七年)	一月	明治天皇、即位
	六月	薩摩と土佐の間で薩土盟約成立
	十月	徳川慶喜、大政を奉還
		倒幕の勅命が薩長に下る
	十二月	京都近江屋にて坂本龍馬、中岡慎太郎が暗殺される
		王政復古の大号令
		西郷、新政府の参与となる
		新政府樹立
慶応四年(一八六八年)	一月	鳥羽伏見の戦い
	三月	西郷・勝海舟会談
		西郷、東征大総督府下参謀に任命される

		五箇条の御誓文
		神仏分離令
	四月	江戸城、無血開城
	五月	奥羽越列藩同盟成立
	七月	江戸を東京と改称
	八月	会津戦争勃発
		西郷、黒田清隆に庄内藩の寛大な処置を指示
明治元年（一八六八年）		明治へ改元（慶応四年九月八日）
明治二年（一八六九年）		明治維新政府、スタート
		大久保利通、新政府参議となる
明治四年（一八七一年）		西郷、大久保とともに上京
		西郷、新政府参議となる
	七月	廃藩置県
	十一月	岩倉使節団、欧米へ出発
明治五年（一八七二年）		福沢諭吉「学問のすすめ」を著す
	五月	明治天皇「西国・九州巡幸」へ。西郷も供奉
		西郷、陸軍元帥、近衛都督を兼務
明治六年（一八七三年）		西郷、陸軍大将参議に任ぜられる

六月　征韓論争、勃発
　　　西郷、朝鮮派兵に異を唱える
　　　閣議で西郷の朝鮮使節派遣決定
十月　西郷と大久保の対立が表面化
　　　岩倉帰国後、西郷の朝鮮使節派遣が白紙に
　　　西郷、政府に辞表を提出
　　　板垣退助、江藤新平、後藤象二郎、副島種臣らが参議辞任
　　　西郷、鹿児島へ帰る
　　　大久保利通、内務卿に就任

明治七年（一八七四年）
二月　佐賀の乱
五月　日本の漂流民が殺されたことで、台湾へ出兵
六月　西郷、私学校を設立

明治八年（一八七五年）
　　　西郷、吉野に開墾社を設立

明治九年（一八七六年）
三月　廃刀令
　　　三条実美、西郷へ復帰を要請するも、西郷これを断る
十月　神風連の乱
　　　秋月の乱
　　　萩の乱

明治十年（一八七七年）	二月	西南戦争、勃発
		西郷軍、熊本城包囲
		西郷、陸軍大将・正三位の官位を剥奪さる
	九月	西郷、城山で別府晋介の介錯で自決
明治十一年（一八七八年）	九月	「紀尾井坂の変」で大久保利通、暗殺される
明治二十二年（一八八九年）	二月	大日本帝国憲法発布記念の大赦で三位を追贈さる
明治三十一年（一八九八年）	十二月	上野恩師公園に西郷像建立される

※本書は、二〇一四年に『消された「西郷写真」の謎　写真がとらえた禁断の歴史』のタイトルで学研パブリッシングから刊行されたものを増補改訂の上、文庫化したものです。

二見文庫

禁《きん》じられた西郷隆盛《さいごうたかもり》の「顔《かお》」
写真《しゃしん》から消《け》された維新最大《いしんさいだい》の功労者《こうろうしゃ》

著者　斎藤充功《さいとうみちのり》

発行所　株式会社 二見書房
東京都千代田区神田三崎町2-18-11
電話　03(3515)2311［営業］
03(3515)2313［編集］
振替　00170-4-2639

印刷　株式会社 堀内印刷所
製本　株式会社 村上製本所

落丁・乱丁本はお取り替えいたします。
定価は、カバーに表示してあります。

ISBN978-4-576-20150-4
https://www.futami.co.jp/